Im Jahre 1952 hat Anna Freud an der Harvard-Universität neun Vorlesungen gehalten. In ihrer unnachahmlich klaren, verständlichen Weise behandelte sie in diesen Vorlesungen Themen, mit denen sie sich zeit ihres Arbeitslebens beschäftigt hat, vor allem also Fragen der psychischen Entwicklung und der Ich-Bildung. Nach den Worten von Talcott Parsons in seiner Einführung bilden die Vorlesungen ein in sich geschlossenes, eigenständiges Werk. Anna Freud verfolgte mit ihren Ausführungen die Absicht, den Hörer mit den psychoanalytischen Theorien über die Kindheit vertraut zu machen und darüber hinaus zu zeigen, welche Bedeutung diese Theorien für Menschen haben, die Kinder erziehen, nämlich Eltern. Unter Verzicht auf die Darstellung technischer Details und Probleme entwickelt Anna Freud ihre Gedanken in zuweilen atemberaubender Einfachheit und läßt damit ihre frühe Ausbildung als Lehrerin und ihre innige Vertrautheit mit dem Gedankengut der Psychoanalyse erkennen. Vor allem betrachtet sie Kinder und Eltern nicht als theoretische Abziehbilder, sondern als wirkliche Menschen, die mit wirklichen inneren und äußeren Problemen zu kämpfen haben.

Anna Freud, Tochter Sigmund Freuds, geboren 1895 in Wien, gestorben 1982 in London, erhielt ihre psychoanalytische Ausbildung in Wien, nachdem sie sich zuvor als Lehrerin hatte ausbilden lassen. Bis 1938 war sie Direktorin des Wiener Psychoanalytischen Instituts. Anschließend emigrierte sie mit ihrer Familie nach London, wo sie von 1940 bis 1945 die von ihr begründeten Hampstead Nurseries leitete. Seit 1952 war sie Direktorin der Hampstead Child-Therapy Clinic sowie des 1947 gegründeten Hampstead Child-Therapy-Course, der wichtigsten europäischen Ausbildungsstätte für die Kinderanalyse. – Weitere Bücher von Anna Freud im Fischer Taschenbuch-Programm: »Das Ich und die Abwehrmechanismen« (42001), »Einführung in die Technik der Kinderanalyse« (42111), »Heimatlose Kinder« (7314; mit Dorothy Burlingham), »Die Schriften der Anna Freud« (10 Bde.; 6810).

Anna Freud

Zur Psychoanalyse der Kindheit
Die Harvard-Vorlesungen

Herausgegeben und mit Anmerkungen versehen
von Joseph Sandler
Aus dem Englischen
von Elisabeth Vorspohl

Fischer
Taschenbuch
Verlag

Geist und Psyche
Herausgegeben von Willi Köhler
Begründet von Nina Kindler 1964

5.–6. Tausend: Januar 1996

Deutsche Erstausgabe
Veröffentlicht im Fischer Taschenbuch Verlag GmbH,
Frankfurt am Main, Juli 1993

Die englische Originalausgabe mit dem Titel
»The Harvard Lectures« erschien 1992 im
Verlag H. Karnac (Books) Ltd., London
© 1992 The Anna Freud Centre
Für die deutsche Ausgabe:
© 1993 Fischer Taschenbuch Verlag GmbH, Frankfurt am Main
Alle Rechte vorbehalten
Umschlaggestaltung: Buchholz / Hinsch / Hensinger
Gesamtherstellung: Clausen & Bosse, Leck
Printed in Germany
ISBN 3-596-11519-1

Gedruckt auf chlor- und säurefreiem Papier

Inhalt

Editorische Vorbemerkung

Jeder, der das Glück hatte, Anna Freud zu kennen, war tief beeindruckt von der Herzlichkeit, der menschlichen Wärme, die sie ausstrahlte, und von der nimmermüden Geduld, mit der sie anderen zuhörte, sich in sie einzufühlen, sie zu verstehen suchte. Ihr lebenslanger Umgang mit Kindern, zuerst als Lehrerin, dann als Psychoanalytikerin, hat ihre Persönlichkeit geprägt. Anna Freud gilt mit Recht als eine der bedeutendsten Vertreterinnen der Kinderanalyse, wie auch ihre jetzt erst in deutscher Übersetzung erscheinenden Vorlesungen an der amerikanischen Harvard-Universität erneut beweisen. Ihre schlichte, allgemein verständliche, dabei doch schöne Sprache weiß auch komplizierte Zusamenhänge so darzustellen, daß jeder leidlich gebildete Leser sie nachvollziehen kann. Sie versagt sich jede hierzulande so beliebte Theorie-Drechselei, die viele wichtige Bücher so ungenießbar macht. Bezeichnend auch für Anna Freud, daß sie ihre Zweifel nicht unter den Tisch fallen läßt, daß sie Fragen stellt, wo andere bereits fix und fertige Antworten haben, daß sie nach jeder Vorlesung all die Fragen zu beantworten sucht, die ihre Zuhörer bewegen. Die Vorlesungen sind auch ein Beispiel für didaktisch kluges Vorgehen, das den Zuhörer ernst nimmt und nicht über seinen Kopf hinweg »belehrt«.

wk

Vorwort
von Joseph Sandler

Anna Freud hat diese Vorlesungen 1952 an der Harvard University gehalten. Sie wurden auf Tonband aufgenommen und später von den Bändern auf Kassetten überspielt. Kopien der Kassetten wurden von Dr. Martin Berezin, Boston, zur Verfügung gestellt, und ich habe die Transkriptionen so behutsam wie möglich redigiert. Obwohl Anna Freud ihre Vorträge nicht vom Manuskript ablas und möglicherweise nicht einmal Notizen zu Hilfe nahm, war die Übertragung des gesprochenen Wortes in einen schriftlichen Text ohne bedeutende Veränderung des Inhalts ihrer Ausführungen möglich; infolgedessen bleibt ihr sehr charakteristischer Vortragsstil durchgängig erhalten.

Eine Vorlesung, die nicht aufgezeichnet wurde, vermittelte einen allgemeinen Hintergrund für das Thema des Kurses, die psychoanalytische Entwicklungstheorie und ihre Anwendung auf die Kinderbetreuung. Die anschließenden neun Vorlesungen aber – die von Talcott Parsons, Chairman des Department of Social Relations der Harvard University, eingeleitet wurden – können als in sich geschlossenes Werk betrachtet werden. Wie sie es in der 3. Vorlesung formulierte: »Sie erinnern sich, daß meine Aufgabe eine doppelte ist: Einerseits soll ich Sie mit den psychoanalytischen Theorien der Kindheit bekanntmachen; andererseits soll ich Ihnen zeigen, welche unmittelbare Relevanz diese Theorien für die Menschen haben, die Kinder erziehen – nämlich für die Eltern.«

Wie immer waren Anna Freuds Formulierungen außerordentlich klar, und in denjenigen unter uns, die sie gekannt haben, wird die Lektüre zahlreiche Erinnerungen wecken. Ich jedenfalls fühlte mich lebhaft an den Einführungskurs erinnert, den sie für Ausbildungskandidaten der British Psycho-Analytical Society in ihrem Haus in Maresfield Gardens abhielt. Es gibt jedoch einen grundlegenden Unterschied. Anna Freud hatte ganz offensichtlich beschlossen, theoretische Schwierigkeiten in diesen Vorlesungen zu meiden; zuweilen trug sie ihre Überlegungen in geradezu atemberaubender Vereinfachung vor. Einmal bemerkte sie in bezug auf einen von ihr dargestellten Aspekt: »Ich habe eine Pause eingelegt, bevor ich auf die Details eingegangen bin, weil ich das Gefühl hatte, daß sie die Klarheit des Bildes, das ich vermitteln wollte, beeinträchtigen könnten... Es ging mir darum, bestimmte Dinge wirklich klar darzustellen. Und dies war nur möglich, indem zahlreiche Details unberücksichtigt blieben.«

Dieser charakteristische Darstellungsstil mit seiner Vermeidung technischer Begriffe verdankte sicherlich vieles ihrer früheren Lehrerinnenausbildung, ihrer gründlichen Vertrautheit mit dem psychoanalytischen Denken und vor allem der Tatsache, daß sie Kinder und Eltern als reale Personen betrachtete, die mit realen inneren und äußeren Problemen kämpfen. Von Anfang an verfolgte Anna Freud einen *entwicklungsbezogenen* Ansatz, und dieser Ansatz hat nicht nur die psychoanalytische Theorie und Praxis außerordentlich bereichert, sondern auch die praktischen Probleme der Kinderbetreuung, die sie in diesen Vorlesungen unter psychoanalytischem Blickwinkel betrachtet, in ein neues Licht gerückt. Anna Freuds Schriften zeugen von ihrer großen Liebe zu Kindern und ihrer Anteilnahme an den Problemen der Eltern und Betreuungspersonen. Sie zeugen auch von ihrer außergewöhnlich realistischen Sichtweise, die ihr gesamtes Werk kennzeichnet.

Wenn wir diese Vorträge vor dem Hintergrund ihres späteren Werks lesen, wird trotz der einfachen Darstellung der Konzepte erkennbar, daß Anna Freud Weiterentwicklungen der Psychoanalyse in erheblichem Umfang vorwegnahm. Zugleich machen die Vorlesungen das Ausmaß der Fortschritte deutlich, die in der psychoanalytischen Entwicklungstheorie der vergangenen Jahrzehnte zu verzeichnen sind. Zweifellos tragen Anna Freuds Vorlesungen den Stempel ihrer Zeit, dennoch aber erfüllen sie eine zweifache Funktion: Sie stellen nicht nur eine ungemein hilfreiche Einführung in die psychoanalytische Entwicklungstheorie und ihre Anwendung auf die Kinderbetreuung dar, sondern sind für uns zugleich ein höchst wertvolles historisches Dokument.

Es ist mir eine große Freude, für die Großzügigkeit zu danken, mit der Martin Berezin die Bänder zur Verfügung stellte, von denen die Vorlesungen transkribiert wurden; ich danke auch Barbara Sullivan für ihr Geschick, mit dem sie die Transkriptionen herstellte, sowie dem Edith Ludowyk-Gyomroi-Trust, der großzügigerweise einen Teil der Transkriptionskosten übernahm. Ich möchte die Gelegenheit nutzen, um George Moran, dem Direktor des Anna Freud Centre und Herausgeber seiner Zeitschrift (in der die Vorlesungen zuerst veröffentlicht wurden) für seine hilfreiche und ermutigende Unterstützung zu danken. Sein tragischer Tod im Januar 1992 raubte der Kinderanalyse einen herausragenden Gelehrten, Kliniker, Forscher und Organisator.

London
Januar 1992

Einleitung
von Talcott Parsons

Anna Freud, Tochter Sigmund Freuds und selbst – wie jene, die sie kennen, sehr wohl wissen – eine herausragende Persönlichkeit, besuchte die Vereinigten Staaten zum erstenmal 1950, um die Ehrendoktorwürde der Clark University entgegenzunehmen. Dieses Ereignis bot dem Radcliffe College und dem Department of Social Relations der Harvard University die glückliche Gelegenheit, einen öffentlichen Vortrag Anna Freuds über Implikationen der psychoanalytischen Theorie für die Kinderbetreuung, ihr spezielles Arbeitsgebiet, zu veranstalten. Sie sprach vor einem Publikum, das überwiegend aus Harvard-Studenten und Studentinnen des Radcliffe Colleges bestand, und die Begeisterung, mit der ihr Vortrag aufgenommen wurde, war so groß, daß Präsident Jordan und ich sehr bald danach die Möglichkeit zu erörtern begannen, Anna Freud zu einem ausgedehnteren Besuch nach Harvard und Radcliffe einzuladen, um den Studenten die Gelegenheit zu geben, ihre Vorträge über die psychoanalytische Theorie in größerer Ausführlichkeit zu hören.

Erst im Frühherbst 1952 konnte ein vierwöchiger Aufenthalt für Anna Freud arrangiert werden. Er stand unter der Schirmherrschaft des Radcliffe Colleges, des Department of Social Relations und des Laboratory of Human Development der Faculty of Education. Die Vorlesungen, die Sie hören werden, waren eine von insgesamt drei umfangreichen Verpflichtungen, die Anna Freud für die Dauer ihres Besuches übernahm. Sie waren als Kurs über die psychoanalytische Theorie der Kinderentwicklung speziell für Studenten gedacht. Um eine allzu hohe Teilnehmerzahl zu vermeiden, waren sie auf einhundert Zuhörer begrenzt, denen sich aber auch die Studenten hinzugesellten, die Professor Sears' planmäßig und bis zum Ende des Trimesters abgehaltenen Kurs über die Entwicklung des Kindes besuchten. Deshalb las sie dreimal pro Woche vor einer Gruppe von normalerweise rund zweihundert Studenten.

Sie werden sich selbst ein Urteil über den Inhalt dieses Kurses bilden. Es könnte Sie jedoch vielleicht interessieren, daß Anna Freud darüber hinaus als Beraterin der Forschungsabteilung des Laboratory of Human Development zur Verfügung stand, das seit einigen Jahren intensive Forschungen auf ihrem ureigensten Gebiet betreibt. Speziell für das Department of Social Relations schließlich leitete sie ein Seminar über weiterführende Probleme der psychoanalytischen Theorie, diesmal ohne spezifischen Bezug zur Kinderentwicklung, an dem nur Fakultätsangehörige teilnahmen. In diesem Seminar hatten die Mitarbeiter Gelegenheit zu sehr fruchtbaren Diskussionen über theoretische Probleme, die für sämtliche Aspekte sozialer Beziehungen von höchstem Interesse sind. Überflüssig zu sagen, daß alle drei Einrichtungen, die den vierwöchigen Aufenthalt Anna Freuds arrangierten, ihren Besuch als große Ehre betrachten und hoffen, daß er sich irgendwann einmal wiederholen läßt.

Da die erste Vorlesung, die Anna Freud hielt, nicht aufgezeichnet wurde, freue ich mich, Ihnen eine kurze Zusammenfassung des Themas geben zu können, über das sie damals sprach. Diese erste Vorlesung war eine Einführung in die psychoanalytische Sichtweise der Kinderentwicklung und beschrieb das große Entwicklungspotential des Kindes. Der Einfluß, den die mütterliche Fürsorge auf die sich entfaltende Persönlichkeit ausübt, wurde durch diese Herangehensweise nicht geschmälert. Anna Freud betonte im Gegenteil die enge Beziehung zwischen diesen Anlagen des Kindes, mit denen es von Geburt an ausgestattet ist, und der fördernden Beeinflussung durch die Erfahrungen, die es in der Familie sammelt. Anna Freud erläuterte die Wichtigkeit, die der motivationalen Entwicklung des Kindes im Hinblick auf seine künftigen Aufgaben, für das Lernen in der Schule, die Anpassung an die Bedürfnisse anderer Menschen und die Entwicklung eines stabilen und erfolgreichen eigenen Lebensmusters zukommt.

Diese Einführungsvorlesung diente Anna Freud als allgemeiner Rahmen zur anschließenden Entwicklung ihrer Theorien. In der nächsten Vorlesung, der ersten, die aufgezeichnet wurde, begann sie mit ihrer theoretischen Darstellung der Grundzüge der Persönlichkeitsentwicklung, betrachtet vor dem Hintergrund der Daten und Methoden der Psychoanalyse.

Erste Vorlesung
Das Unbewußte

Da ich in den schriftlichen Kommentaren, die ich erhalten habe, vergebens nach kritischen Bemerkungen, Fragen oder Einwänden suche,
kann ich mich nur an dem orientieren, was mir seit meinem letzten
Vortrag zufällig zu Ohren gekommen ist. Ich habe einige interessante
Dinge erfahren. Zum einen sitzen hier keine unbedarften Zuhörer –
jeder Anwesende hat schon einmal etwas von Psychoanalyse gehört. Es
scheint, soweit ich nun informiert bin, auch nicht nötig zu sein, Vorurteile gegen die psychoanalytische Theorie aus dem Weg zu räumen.
Entweder gibt es keine Vorurteile, oder die Leute, die sie haben, sind
nicht hergekommen. Das Publikum besteht also nur aus gutunterrich-
teten Zuhörern, und gerade für sie waren meine Ausführungen der letzten Woche nicht gedacht. Ich fürchte, einige von Ihnen nachgerade enttäuscht oder gelangweilt zu haben, indem ich mich, wie Sie vielleicht
meinen, zu einfach ausgedrückt habe. In diesem Fall aber möchte ich
Sie bitten, zwei Punkte zu berücksichtigen. Wir haben beim letzten Mal
nur einen Rahmen abgesteckt, in dem wir unser Material betrachten
können; ein Rahmen aber kann tatsächlich sehr einfach sein, während
das Bild, das er enthält, unter Umständen sehr kompliziert ist. Sie müssen sich auch daran gewöhnen, daß ich eine sehr einfache Sprache spreche, was nicht immer heißt, daß die Fakten einfach und unkompliziert
sind.

Ich weiß nicht, ob heute Zuhörer anwesend sind, die beim letzten
Mal nicht da waren. Für diesen Fall möchte ich das, was ich gesagt
habe, in zwei Sätzen zusammenfassen. Wir hatten uns den psychoanalytischen Theorien der Kindheitsentwicklung unter einem bestimmten Blickwinkel zu nähern versucht – nämlich unter dem
Blickwinkel der Erziehung –, und wir haben gesagt, daß die Erziehung dem Kind gewissermaßen den nötigen Schubs gibt, der ihm die
Anpassung an die Gesellschaft erleichtert. Wir haben auch festge-
stellt, daß man das Kind auf zweierlei Weise zu diesem Schritt veranlassen kann: Man kann es, ungeachtet seiner natürlichen Veranlagung,
zur Anpassung zwingen; die zweite Möglichkeit besteht darin, es bei
der Umbildung seiner Anlagen zu unterstützen. Es gibt noch einen

dritten Weg, der nicht zu empfehlen ist und den, wie ich hoffe, niemand von Ihnen einschlagen wird. Ich meine den Versuch, die Umwelt des Kindes so zu verändern, daß sie seiner Natur entspricht. Das wäre völlig falsch. Es wirkt sich für das Kind nicht gut aus und bringt für die Gemeinschaft der Erwachsenen einen Verlust an kulturellen Werten mit sich. Es ist Aufgabe des Kindes, in die Gemeinschaft hineinzuwachsen.

Mit dieser Betrachtungsweise der Persönlichkeit beziehen wir nun zugleich einen Standpunkt, den man als nicht-objektiv bezeichnen könnte – d. h., wir haben uns auf einen ganz bestimmten Blickwinkel festgelegt, unter dem wir die verschiedenen Persönlichkeitsanteile des heranwachsenden Kindes betrachten wollen. Unsere Frage wird nämlich lauten, ob dieser oder jener spezifische Anteil sich in die Gemeinschaft der Erwachsenen einzufügen vermag. Wir fragen, inwieweit er für Umwelteinflüsse empfänglich ist, wie diese Einflüsse aussehen könnten, inwieweit dieser spezifische Anteil der kindlichen Persönlichkeit modifizierbar ist, worin diese Modifikationen bestehen und welche Faktoren sie bewirken. Das ist der Ansatz, den wir nun verfolgen müssen.

Die einschlägig informierten Zuhörer unter Ihnen haben die drei Anteile – oder die drei Aspekte – der Persönlichkeit, die ich beim letzten Mal erwähnt habe, gewiß erkannt – nämlich den triebhaften Aspekt, den rationalen Aspekt und den moralischen Aspekt. Dies sind die drei wohlbekannten Persönlichkeitsanteile, die in der psychoanalytischen Theorie als Es, Ich und Über-Ich bezeichnet werden. Für jene Zuhörer, denen diese drei Begriffe oder Konzepte ein gewisses Unbehagen bereiten, möchte ich noch einige Bemerkungen vorausschicken. Obwohl die Begriffe den einzelnen Bestandteilen entsprechen, in die wir die Persönlichkeit zerlegen können – der »Anatomie« der menschlichen Persönlichkeit, wie man sie in der Fachliteratur tatsächlich genannt hat –, darf man sie keinesfalls in einem anatomischen Sinn verstehen. Sie haben mit dem Gehirn überhaupt nichts zu tun. Es ist unmöglich, das Es in diesem Teil des Gehirns, das Ich in jenem und das Über-Ich an irgendeiner weiteren Stelle zu lokalisieren. Vor langer Zeit – vor sechzig Jahren – hat man versucht, eine Korrelation zwischen der Anatomie des Gehirns und diesen verschiedenen Persönlichkeitsanteilen herzustellen, was nicht gelungen ist. Hier und da haben in jüngster Zeit psychoanalytisch interessierte Neurochirurgen oder Analytiker mit neurologischen Kenntnissen Versuche dieser Art wiederaufgenommen. Ich weiß nicht, ob Sie von gewissen Hirnoperationen* gehört haben, die bei sehr kranken, psychotischen Patienten durchgeführt werden, um bestimmte Anteile ihrer Persönlichkeit auszuschalten. Es gibt einige Enthusiasten auf diesem Gebiet, die tatsächlich davon überzeugt sind, daß man eine solche Korrelation zwischen Anatomie und Psychoanalyse nachweisen kann. Aber das ist gewiß nicht das Thema, über das ich hier sprechen will.

Stellen Sie sich das Es, Ich und Über-Ich also bitte ohne jeden räumlichen Bezug vor, als bloße Abstraktionen, so wie wir in der Alltagssprache von verschiedenen »Anteilen« unserer selbst sprechen – ein Teil in mir wollte dies und das tun, ein anderer Teil wiederum wollte es nicht –, ohne daß wir dabei Grenzlinien in unserem Körper markieren, um deutlich zu machen, welcher Teil wollte und welcher nicht. So ist es also überhaupt nicht gemeint. Aber es ist auch nicht in jener Weise gemeint, an der man häufig Anstoß genommen hat. Es gibt viele wissenschaftlich denkende Menschen, die sich gegen eine Personifizierung der verschiedenen Persönlichkeitsanteile ausgesprochen haben. Ich erinnere mich, daß irgend jemand das Es, Ich und Über-Ich einmal als drei mythische Persönlichkeiten bezeichnet hat – eine Art Heilige Dreifaltigkeit. So ist es auch nicht gemeint. Diese Begriffe sollen Funktionsgruppen kennzeichnen (ich sehe, daß Sie sich dies notieren – es fällt mir immer auf, wenn ich etwas sage, was wichtig zu sein scheint!). Sämtliche Funktionen, die zu einer bestimmten Gruppe gehören, dienen dem gleichen Zweck; deshalb ordnen wir sie einander zu. Um ein Beispiel zu nennen: Jener Teil der Persönlichkeit, den wir unter dem Namen »Es« zusammenfassen, der triebhafte Teil der Persönlichkeit, steht im Dienst der Triebe; und alles, was den Trieben auf diese Weise dient und mit den Trieben zusammenhängt, gehört zu jenem Teil, dem Es.

Ebenso haben sämtliche Funktionen, die wir als Ich bezeichnen, einen gemeinsamen Zweck – sie sorgen dafür, daß die Individuen in ihrer Umwelt überleben können, und das bedeutet, daß sie diese Umwelt kennenlernen müssen, daß zwischen dem, was in den Tiefen der Persönlichkeit (im Es) und in der Außenwelt vor sich geht, eine Verbindung geschaffen und irgendeine Art von Kontakt zwischen beiden hergestellt werden muß. Den Persönlichkeitsanteil, dessen Funktionen diesem Zweck dienen, bezeichnen wir als Ich. Eigentlich ist es die Selbsterhaltung des Individuums, die Sie hier finden.

* Anna Freud bezieht sich hier auf die präfrontale Leukotomie bzw. Lobotomie.

Und dann gibt es noch eine dritte Gruppe, die den sogenannten kulturellen Zielen dient: Das Über-Ich mit seiner Funktion des Gewissens und der moralischen Bewertung der Gedanken, die der Person durch den Kopf gehen, und der Handlungen, die sie ausführt. Diese Gruppe von Funktionen – die Über-Ich-Funktionen – hat die Aufgabe, die Zugehörigkeit des Individuums zur Gemeinschaft zu sichern.

Versuchen Sie also im folgenden, sich diese drei Anteile des Menschen als drei Funktionsgruppen vorzustellen. Im gesamten anschließenden Kurs wollen wir nun die Entwicklung dieser drei Anteile verfolgen, im Detail untersuchen, auf welche Weise sie ihre Aufgabe erfüllen, zu welchem Zeitpunkt im Leben des Kindes sie in Erscheinung treten und – was am wichtigsten ist – wie sie aufeinander reagieren. Ihre feindseligen Reaktionen werden Sie unter dem Stichwort »Konflikt« – innerer Konflikt – kennenlernen.

So also sieht unsere Aufgabe aus. Wir wollen an jenem Pol der Persönlichkeit ansetzen, der von der Außenwelt am weitesten und von den kulturellen Zielen sogar noch weiter entfernt ist – nämlich dem Es. Diese Stunde ist somit der Es-Psychologie gewidmet.

Einen sehr wichtigen Punkt darf man nicht vergessen, wenn man sich mit dem Es beschäftigt. Es stellt keine Verbindung zur Umwelt her; schlimmer noch, es hat auch keine direkte Verbindung zu den anderen Teilen der Persönlichkeit – zumindest keine sichtbare Verbindung. Der größte Teil dieser Gruppe von Es-Funktionen, die im Individuum aktiv sind, ist dem Menschen unter Umständen völlig unbekannt; und da das Es dem Bewußtsein nicht zugänglich ist, sagen wir, daß der Inhalt des Es weitgehend unbewußt ist.

Nun sind wir bei einem Phänomen angelangt, das jeder kennt. Es ist eine höchst sonderbare Tatsache, daß sich gerade die Psychologie des Unbewußten, die Postulierung eines unbewußten Seelenlebens, das wir heute als Es bezeichnen, einst der umstrittenste Aspekt der gesamten psychoanalytischen Theorie, im Laufe der Zeit zu einer Vorstellung entwickelt hat, die uns als völlig selbstverständlich erscheint.* In den frühen Jahren der Psychoanalyse z. B. hätte eine Vorlesungsreihe dieser Art (allerdings wäre das Publikum nicht so groß gewesen) sich ausschließlich damit beschäftigt, die Existenz eines unbewußten Teils der

---

* Anna Freud bedient sich hier, zweifellos aus darstellungstechnischen Gründen, einer enormen konzeptuellen Vereinfachung, indem sie den unbewußten Teil der Psyche mit dem Es gleichsetzt. Sie erklärt diesen Punkt in der zweiten Vorlesung.

Psyche zu rechtfertigen. Wenn man heutzutage Vorträge über Psychoanalyse hält, muß man sich sehr davor hüten, die einschlägigen Kenntnisse des Publikums zu unterschätzen, da so vieles nicht nur bereits in zahlreichen anderen Disziplinen gelehrt wird, sondern tatsächlich auch weite Teile der Bevölkerung erreicht hat. Es ist zum Allgemeinwissen geworden; Gespräche über Psychoanalyse sind nichts Ungewöhnliches mehr. Deshalb habe ich mir überlegt, daß es vernünftig wäre, die Psychologie des Unbewußten oder des Es in diesen Vorlesungen in zwei gesonderten Teilen zu behandeln – da wäre zunächst jener Teil, der Ihnen, wie ich annehme, vertraut ist und den ich Ihnen nur noch einmal vor Augen führen muß; was den anderen Teil angeht, so habe ich das Gefühl, daß er Ihnen nicht ganz so vertraut ist, auch wenn er nichts völlig Neues für Sie darstellt.

Und nun der Reihe nach. Ich versuche mir also vorzustellen, was Sie über das Unbewußte, oder das Es, wissen, und hoffe, daß Sie mich später korrigieren werden, wenn meine Einschätzung falsch war; das würde mich sehr interessieren. Ich denke, daß Sie alle von der Existenz des unbewußten Seelenlebens überzeugt sind. Sie sind nicht mehr schockiert, für Sie ist es, anders als für die Menschen in der Vergangenheit, keine Kränkung, nicht alles über sich selbst, über Ihre eigenen Gefühle zu wissen; und als Wissenschaftler, als Psychologen, sind Sie gewiß weit weniger geneigt zu behaupten, daß das Psychische, das Geistige und das Bewußte ein und dasselbe seien, wie es vor hundert Jahren behauptet wurde. Ich glaube, Sie werden mir alle zustimmen, wenn ich heute sage, daß das Psychische weit über das Bewußte hinausreicht und daß wir unser Bewußtsein vorsichtig, Schritt für Schritt erweitern müssen, um die tatsächlichen Grenzen unseres psychischen Lebens kennenzulernen. Die Grenzen des Bewußtseins sind sehr eng.

Ich denke, es gibt noch einen anderen Punkt, den jeder sehr gut kennt. Es gab eine Zeit, in der man die Existenz eines unbewußten Seelenlebens anzuerkennen begann und sich an diese Vorstellung gewöhnte; irgendwie aber fiel es den Menschen sehr schwer zu glauben, daß eine Vorstellung, eine innere Struktur oder eine innerliche Strebung, die wir überhaupt nicht kennen, tatsächliche Auswirkungen zeitigen könnte; während die Psychoanalyse, wie Sie wissen, behauptet, daß das Unbewußte dynamisch ist, einen gewaltigen Einfluß ausübt, ja im Grunde unser inneres Kräftereservoir darstellt. Wenn wir uns eine bestimmte Vorstellung bewußtmachen, nimmt ihre Einflußkraft mitnichten zu, sondern verringert sich, als ob sich ein Teil ihrer Energie während des Bewußtwerdungsprozesses entladen habe. Je unbewußter eine Vorstellung, eine bestimmte innere Konstellation, ist, desto machtvoller ist sie. Früher hatte man bei dem Gedanken an machtvolle, unbewußte innere Kräfte ein recht unbehagliches Gefühl – man kann ja nie wissen, welcher Einfluß sich im nächsten Augenblick geltend machen wird. Aber heute haben wir uns an diese Vorstellung gewöhnt, sie ist Ihnen allen vertraut. Wenn man Sie nach den Beweggründen für Ihre Handlungen befragte, würden Sie, da bin ich mir völlig sicher, nicht den Fehler machen zu behaupten, sie bis ins kleinste zu kennen, ganz genau zu wissen, weshalb Sie dieses oder jenes Studienfach oder den Beruf, den Sie ausüben, gewählt haben, ganz genau zu wissen, weshalb sie bestimmte Leute mögen und andere nicht leiden können oder aus welchen Gründen Sie Ihren Partner gewählt haben. Früher waren die Menschen überzeugt, all das ganz genau zu wissen, aber heute wissen wir alle, daß es innerliche Kräfte sind, die uns zu den wichtigsten Schritten in unserem Leben veranlassen; mehr noch, wir sind um so begieriger, etwas Bestimmtes zu tun, je weniger wir die Beweggründe dafür kennen – diese Vorstellung ist uns nach wie vor nicht besonders angenehm. Aber wenn Sie sehen, daß jemand absolut entschlossen eine bestimmte Richtung verfolgt, und wenn Sie merken, daß er durch kein Argument davon abzubringen ist, dann können Sie sicher sein, daß ihn nicht Gründe, die er kennt, dazu veranlassen, sondern solche, die er nicht kennt. Und es ist, wie ich bereits sagte, eine Tatsache, daß den wichtigsten Entscheidungen im Leben unbewußte Motive zugrunde liegen.

Nun, wenn Ihnen diese Vorstellung vertraut ist, dann ist Ihnen vermutlich auch ein weiteres interessantes Phänomen geläufig – nämlich daß wir selten dabei ertappt werden, unsere Motive nicht zu kennen: Wenn uns jemand fragt, warum wir etwas tun, haben wir immer eine Antwort parat. Aber wenn uns jemand in dieser bestimmten Situation genau beobachtet oder uns analysiert, läßt sich ganz einfach beweisen, daß wir uns die Antwort, die wir gegeben haben, für diesen Zweck rasch ausgedacht haben, daß unser Bewußtsein sie nur angeführt hat, um die Tatsache zu verbergen, daß wir die wirklichen Beweggründe nicht kennen. Solche scheinbar vernünftigen Beweggründe, die in Wirklichkeit unsere unbewußte Motivation verdecken, werden als »Rationalisierung« bezeichnet: Sie klingen rational, sind es aber nicht. Diejenigen unter Ihnen, die bereits mehr über das Thema gelesen haben, werden sich vermutlich daran erinnern, in welchem Zusammenhang diese Rationalisierung erstmals entdeckt wurde. Ich weiß, daß sich einige Zuhörer für die Hypnose interessieren – mit einem von ihnen habe ich mich gestern unterhalten –, und tatsächlich hat man diese Rationalisierung erstmals bei Menschen unter Hypnose beobachtet. In hypnotisiertem Zustand legte man ihnen nahe, dieses oder jenes zu tun, und befahl ihnen dann, alles wieder zu vergessen. Als sie die ihnen suggerierte Handlung tatsächlich ausführten, glaubten sie, sehr gute Gründe dafür zu haben, aber es waren nicht die wirklichen Gründe. Diese Rationalisierung ist eine sehr interessante und weitverbreitete Angelegenheit!

Und nun zu den bekannteren Fakten über das Unbewußte. Die Menschen können sich nur schwer vorstellen, daß das Unbewußte *wirklich* unbewußt ist. Auch in wissenschaftlichen Schriften hat man, wie Sie wissen, alle möglichen Versuche unternommen, um zu zeigen, daß das Unbewußte nur ein ganz klein wenig weniger bewußt ist – es ist eine Art verdunkeltes Bewußtsein, es liegt irgendwie an der Grenze zum Bewußtsein, es ist unterbewußt. All das trifft nicht die Bedeutung, die ihm die psychoanalytische Theorie beimißt. Die psychoanalytische Bedeutung ist, wie gesagt, völlig eindeutig: Das Individuum weiß nichts über das Unbewußte. Man hat sich alle möglichen Tricks ausgedacht, um das Unbewußte gewissermaßen zu überrumpeln, es ins Bewußtsein zu holen. Man glaubte, das Unbewußte eines Menschen erreichen zu können, indem man ihn hypnotisiert und unter Hypnose sprechen läßt; wenn man das, was er sagt, auf Tonband aufnimmt und es ihm später vorspielt, müßte er sein Unbewußtes eigentlich erkennen. Aber dem wäre nicht so.

In Experimenten versucht man, die Widerstände, wie wir es nennen würden, mit Hilfe von Drogen herabzusetzen, das Unbewußte zu überrumpeln, indem man der Versuchsperson sagt, was man herausgefunden hat, damit sie es sich selbst bewußt aneignen kann; aber die Versuchsperson erkennt ihr eigenes Unbewußtes nicht wieder. Auch wenn Sie bislang nur davon gehört oder darüber geredet haben, sollten Sie wirklich allen Ernstes glauben, daß es einer enormen Anstrengung seitens des bewußten Denkens bedarf, an das, was unbewußt ist, heranzukommen, und daß Anstrengung und guter Wille allein nicht genügen. Sie müssen sich bestimmter Methoden bedienen, und eine dieser Methoden ist die psychoanalytische Technik. Zwischen dem Es und den übrigen Persönlichkeitsanteilen befindet sich nämlich eine Schranke, die seine Einwohner (ich spreche in Personifizierungen) daran hindert, in den anderen Bereich hineinzugelangen; überall, wo ein Teil dieses Bereichs in den anderen eindringen will, muß er etwas überwinden, was wir als Widerstand bezeichnen – und dieser Widerstand ist eine gewaltige Kraft.

Sie haben von dieser Schwierigkeit, das Unbewußte zu erreichen, gehört, ebenso aber haben sie von jener Eigenschaft oder Tendenz des Unbewußten gehört, plötzlich durchzubrechen und uns zu überrumpeln. Sie wissen z. B., daß unsere Stimmungen dem Unbewußten entspringen. Wir wissen nicht, weshalb wir plötzlich glücklich oder niedergeschlagen sind oder weshalb wir in einer bestimmten Gemütsverfassung aufwachen, die im Laufe des Tages möglicherweise vollkommen umschlägt. Wie ich schon sagte, wissen wir kaum etwas über die Ursprünge unserer Vorlieben und Abneigungen. Es gibt Menschen, die zum Opfer ihrer eigenen, unkontrollierbaren Wutanfälle werden: Unbewußte Kräfte brechen sich Bahn. Leidenschaften, die besser weiterhin wohlverwahrt im Unbewußten blieben, können ausbrechen und die Menschen zu Straftaten veranlassen – z. B. zu Gewaltdelikten; und es gibt Krankheiten wie die psychotischen Schübe, in denen diese Schranke zwischen Bewußtem und Unbewußtem, Ich und Es, aufgehoben wird. Einerseits also unterliegt der Verkehr zwischen diesen beiden Teilen der Persönlichkeit einer strengen Kontrolle, und andererseits kann das Unbewußte plötzlich gewaltsam ins Bewußtsein vordringen.

Nun, ich vermute, daß Sie dies alles bereits wissen, und auch wenn ich diese Dinge etwas anders formuliert habe, als Sie es gewohnt sind, sind sie wahrscheinlich jedem von Ihnen schon einmal begegnet. Nun möchte ich etwas weiter ausholen und einzelne Aspekte untersuchen, und dann können Sie beurteilen, ob Ihre Kenntnisse genügend fundiert und wirklich umfassend sind. Wenn Sie z. B. über das Unbewußte oder das Es sprechen – sind Sie sich der Tatsache völlig bewußt, daß dieses Konzept in der psychoanalytischen Theorie das gesamte Triebleben des Menschen umfaßt? (Ich verwende hier den Begriff »Trieb« und hoffe, daß Sie ihn im analytischen Sinn verstehen; wir benutzen diesen Begriff zur Bezeichnung der triebhaften Strebungen, Wünsche, Bedürfnisse.) Das Triebleben, also jene Antriebskräfte, die körperlichen Ursprungs und in der Psyche des Menschen in irgendeiner Weise repräsentiert sind, werden psychisch als Anspruch wahrgenommen, weil alle derartigen Triebstrebungen, ob es sich um einen sexuellen Wunsch oder einen aggressiven Wunsch handelt, eine ungeheure Spannung im Innern der Persönlichkeit hervorrufen; und der bewußte Teil der Persönlichkeit nimmt diese Spannung wahr. Ruhe gibt es erst, wenn die Spannung reduziert ist, und sie wird reduziert, indem jene spezifische Triebstrebung ihr Ziel erreicht und Befriedigung findet – wenn z. B. ein aggressiver Impuls an jenem Menschen abreagiert wird, gegen den er gerichtet ist, oder wenn ein sexueller Wunsch sich an der Person befriedigen kann, auf die er sich richtet. Was hier geschieht, entspricht weitestgehend den Mustern der zentralen körperlichen Bedürfnisse: Die Spannung, die der Hunger erzeugt, wird nur durch die Nahrungsaufnahme befriedigt. Das, was wir uns als Es-Anteil der menschlichen Persönlichkeit vorstellen, ist der Bereich, in dem all dies geschieht, in dem der von den Trieben ausgeübte Drang empfunden wird und Maßnahmen zur Befriedigung der Triebe ergriffen werden. Wir werden später einige Zeit darauf verwenden, mehr über die verschiedenartigen Triebe in Erfahrung zu bringen. Im Augenblick möchte ich nur erwähnen, daß wir zwei große Gruppen kennen, die man als konstruktive und destruktive Triebe bezeichnen kann; sie werden psychisch als Sexualität einerseits und Destruktivität-Aggression andererseits repräsentiert. Das Prinzip, nach dem sich diese Vorgänge im Es vollziehen, ist sehr einfach:

Der menschliche Organismus verlangt nach Ruhe, und Ruhe bedeutet, sich von Spannungen zu befreien. Wann immer ein Trieb Spannung auslöst, wird etwas unternommen, um ihn zu befriedigen. Ich bin mir ganz sicher, daß Sie sich unter dem Stichwort »Wunscherfüllung« schon häufig mit dieser speziellen Theorie beschäftigt haben, und es ist eine sehr gute Überlegung, sich die Funktionsweise so vorzustellen, daß sie dem Prinzip der Wunscherfüllung entspricht, nicht als geringfügige Erfüllung kleiner, alltäglicher, bewußter Wünsche, sondern als grundsätzlichen Versuch der Es-Organisation, jeden Trieb, sobald er entsteht, zu befriedigen. Das ist natürlich ein bißchen viel verlangt, denn das Es würde gerne jeden Trieb, sobald er auftaucht, befriedigen und in einen spannungslosen Zustand zurückkehren, den es als lustvoll empfindet. Auch hier werden Sie etwas Altbekanntes wiedererkennen – nämlich die Vorstellung, daß die Funktionsweise der primitiven Persönlichkeit dem Lust-Unlust-Prinzip entspricht. Das bedeutet lediglich, daß der ganze Bereich des Unbewußten nur damit beschäftigt ist, schmerzhafte Spannung zu vermeiden und sich lustvolle Befriedigungen zu verschaffen – ein Prinzip, das sehr weit von der Art und Weise entfernt ist, wie wir tatsächlich leben.

Es gibt noch einen Punkt, der häufig nicht genügend berücksichtigt wird. Damit will ich sagen, daß es eine wesentliche Eigenschaft des Es ist, diese Politik der Wunscherfüllung um jeden Preis zu verfolgen, ganz und gar ungeachtet dessen, was in der Umwelt geschieht; ungeachtet der Tatsache, daß die Erfüllung, z. B. einer aggressiven Strebung, womöglich eine andere Person verletzt, und ungeachtet der Tatsache, daß die Erfüllung eines Wunsches das Individuum selbst verletzen kann. Deshalb sagen wir, daß diese Art der Funktionsweise völlig blind ist, blind für die Realität, einzig und allein an den Trieben und ihrer Gratifikation orientiert. Nun werden Sie sich bald ein zutreffendes Bild von der Primitivität oder, wie man auch sagen könnte, der Roheit der Es-Aktivität machen können.

Es gibt zwei kleinere Punkte, die häufig übersehen werden. Wenn die Menschen über das Es, Ich und Über-Ich sprechen und sich vor Augen halten, was in einer analytischen Behandlung geschehen muß, betrachten sie das Unbewußte für gewöhnlich als ein kleines Anhängsel der bewußten Persönlichkeit. Zum Beispiel kommt es vor, daß jemand unter irgendwelchen Symptomen leidet, sie durch eine Behandlung lindern möchte und mit der Vorstellung zum Analytiker geht, daß sein Unbewußtes eine winzige Kleinigkeit enthält, die er gerne loswerden möchte. Sie können in der Analyse von durchaus ernsthaften Menschen die Frage zu hören bekommen, ob noch viel zu erwarten oder ob die Grenze ihres Unbewußten nun erreicht sei. Früher, als die Kenntnisse geringer und die Vorurteile größer waren, hatten viele Menschen Angst vor einer psychoanalytischen Behandlung, weil sie sich vorstellten, daß ihr Unbewußtes »weganalysiert« würde, so daß nichts mehr übrigbliebe. Ich weiß noch gut, daß ich in früheren Jahren verschiedentlich gefragt wurde, ob gründlich analysierte Menschen (man hoffte, daß ich es sei) noch Gefühle hätten – das meine ich völlig ernst! Man wollte wissen, ob denn die Gefühle nach einer Analyse nicht alle bewußt und einsichtig wären, ob es tatsächlich noch irgend etwas im Hintergrund gebe. Darin offenbart sich ein ungeheures Mißverständnis, eine völlig falsche Vorstellung von dem Größenverhältnis, in dem diese beiden psychischen Instanzen zueinander stehen. Das Es bildet das Fundament der Persönlichkeit, und das Ich, das sich darauf aufbaut, sich aus dem Es heraus entwickelt – darüber werden wir beim nächsten Mal mehr hören –, ist vergleichsweise sehr klein und, was seine Energie betrifft, sehr schwach.* Ist es deshalb nicht merkwürdig, daß wir, wenn

---

* Mittlerweile zeigt sich zunehmend deutlicher, daß das Ich, als Struktur betrachtet, über unbewußte Wurzeln und Funktionen verfügt, die sich autonom entwickeln und erheblichen Ein-

wir über uns selbst sprechen und »ich« sagen, den bewußten Teil meinen? Vermutlich läßt sich dies mit der Tatsache erklären, daß das Unbewußte, das Es, irgendwie nicht in derselben Weise zu uns gehört, es hat keinen persönlichen Charakter. Es ist bei allen Menschen weitestgehend gleich, es ist das, was wir mit auf die Welt bringen, was angeboren ist, was wir mit allen anderen teilen; während unsere eigenen, persönlichen, individuellen Eigenschaften sich im Ich und Über-Ich nur nach und nach aus dem Es heraus entwickeln. Was aber Wirkungskraft und Raum betrifft – wenn wir für etwas Raumloses das Wort »Raum« überhaupt benutzen können –, so gibt es keinen Zweifel, daß das Es sowohl eine gewaltige Kraft darstellt als auch einen großen Raum einnimmt.

Die ganze Angelegenheit wird sogar noch interessanter, wenn wir uns klarmachen, daß das, was im Es geschieht, sich von den Vorgängen in den bewußten Teilen unserer Persönlichkeit grundlegend unterscheidet. Das Es hat eine ganz besondere Funktionsweise. Ich habe erwähnt, daß es einem besonderen Prinzip gehorcht, daß es voll und ganz vom Lust-Unlust-Prinzip geleitet wird, von dem Bedürfnis, Spannung zu reduzieren, Unlust zu vermeiden. Dies aber zeigt uns, daß das Es völlig anders organisiert ist als der bewußte Anteil unserer Psyche. Wiederum war es, wie Sie wissen, die Psychoanalyse, die uns Erkenntnisse über diese andersartige Funktionsweise vermittelte, nämlich durch die Erforschung der Träume, in denen das Es sich zu erkennen gibt, und durch die Erforschung jener psychischen Erkrankungen, in denen das Es sich zu gewissem Grad offenbart, auch wenn es natürlich nicht vollständig zutage tritt. Es dauerte viele Jahre – vierzig oder fünfzig –, bis sich diese vagen Vermutungen über die Art und Weise, wie das Es funktioniert, zu einem geschlossenen Bild zusammenfügten. Ich werde Ihnen ein paar Beispiele nennen, die Sie vielleicht interessieren.

Zum Beispiel empfinden wir uns in unserer bewußten Persönlichkeit als Einheit, und tatsächlich sind wir eine Einheit (wenn wir von der Dreiteilung unserer Psyche einmal absehen), jedenfalls nehmen wir uns bewußt als ein mehr oder weniger einheitliches Ganzes wahr. Ich meine z. B., daß wir denjenigen, den wir lieben, für gewöhnlich

---

fluß ausüben. In diesem Zusammenhang will Anna Freud mit ihrer Formulierung ohne Zweifel der Tendenz entgegenwirken, die Triebkräfte und das Ausmaß, in dem sie unbewußt sind, zu unterschätzen. Denselben Kunstgriff benutzt sie, wenn sie das »Ich« mit dem »Selbst« oder dem Bewußtsein gleichsetzt.

nicht gleichzeitig hassen – Liebe und Haß passen nicht zusammen. Aber wenn wir die beiden Gefühle in uns wahrnehmen, vermischen sie sich miteinander und schwächen sich gegenseitig ab. Wenn wir zwei Wünsche haben, verbinden sie sich und werden irgendwie in Einklang gebracht. Wenn wir ein bestimmtes Ziel verfolgen, schrauben wir andere Ziele zugunsten von Ziel Nr. 1 herunter. Das ist für uns so selbstverständlich, daß wir uns nie Gedanken darüber machen. Aber manchmal hört man jene sonderbaren Bemerkungen von Menschen, die dieses Gefühl der Vereinheitlichung verschiedener Absichten für einen Moment plötzlich verloren haben und sagen: »Ich fühle mich völlig zerrissen, ich weiß nicht, ob ich hier bin oder dort. Will ich das tun oder jenes?« Im Es aber gibt es dergleichen nicht. Wie ich Ihnen bereits sagte, ist das Es voller Wünsche, Triebkräfte, Begehren, aber sie haben untereinander keine Verbindung. Sie verfolgen unverzüglich die gegensätzlichsten Ziele, eins nach dem anderen oder sogar gleichzeitig. Das eine hat mit dem anderen nichts zu tun. Dies zeigt sich in den Träumen.*

Es gibt noch eine andere Möglichkeit zu sehen, wie das Es operiert, nicht in Reinkultur, aber doch annähernd. Wenn Sie Kinder im Alter zwischen ein und zwei Jahren beobachten, in einem Alter also, in dem die Es-Aktivität noch eine bedeutende Rolle spielt, auch wenn der Entwicklungsprozeß des Ichs bereits große Fortschritte macht, können Sie einigen dieser Funktionsweisen des Es auf die Spur kommen. Zum Beispiel wird ein Kind seine Mutter schlagen und im nächsten Moment lieben, ohne wegen des Schlagens ein schlechtes Gewissen zu haben. Das Kind hat nicht das Gefühl, daß Schlagen und Lieben nicht zusammenpassen. Hier beobachten wir einfach die Äußerungsformen zwei verschiedener Bestrebungen. Ein anderes Beispiel: Das Kind macht ein Spielzeug kaputt und erwartet im nächsten Moment, daß es wieder heil ist, weil es nämlich zum einen den Wunsch hat, das Spielzeug kaputtzumachen, und gleichzeitig das heile Spielzeug besitzen möchte; aber beide Wünsche haben nichts miteinander zu tun. Dafür gibt es zahllose Beispiele. Was ich sagen will, ist, daß es innerhalb des Es keine Integration gibt. Es ist eine Masse, eine chaotische Zusammenballung, zwischen deren einzelnen Bestandteilen keine Kommunikation stattfindet – was unserer bewußten Funktionsweise absolut fremd ist. Diese Funk-

---

* Natürlich geben Träume ein erhebliches Maß an Integration und Kompromißbildung zu erkennen. Gemeint ist hier, daß die gegensätzlichen Es-Impulse oder ihre Abkömmlinge, die im Traum aktiv sind, in der Analyse als solche wahrgenommen werden können.

tion – beim nächsten Mal werden wir hören, wann sie sich im Menschen zu entwickeln beginnt – bezeichnen wir als »Synthese« oder »Ich-Integration«.

Nun, Sie wissen, daß das Denken oder Sich-Vorstellen im Es und im Ich vollkommen unterschiedlich aussehen. Wir denken in Worten, und selbst wenn wir phantasieren oder träumen, bestehen unsere Phantasien vollständig aus Worten*, die Träume zum Teil, denn zu den Worten gesellen sich hier Bilder. Im Es jedoch gibt es keine Worte; Triebe sind wortlos, sie rufen Vorstellungen, Bilder hervor. Das hungrige Baby z. B. stellt sich seine Nahrung, die Milch, vor; oder das einsame Baby stellt sich vor, daß seine Mutter kommt; aber es ist nicht in der Lage zu denken: »Ich will meine Mutter« oder seinen Wunsch auf diese Weise auszudrücken. Die gesamte Bilderwelt unserer Träume ist ein Zeichen der Sprache des Es, des Unbewußten. Natürlich fällt es uns sehr schwer, uns eine Ausdrucksform vorzustellen, in der es keine Worte gibt, in der alles durch Bilder ausgedrückt werden muß. Das bedeutet ja, daß unendlich viele Dinge überhaupt nicht ausgedrückt werden können. Logische Verknüpfungen oder Zusammenhänge zwischen einzelnen Gedanken beispielsweise sind ohne Worte nicht auszudrücken – aber im Es gibt es keine logischen Verknüpfungen, und es gibt auch keine Zusammenhänge dieser Art. Es gibt kaum ein Vorher und Nachher. Es gibt ganz gewiß kein »weil« oder »deshalb«.

Die Sprache des Unbewußten hat große Ähnlichkeit mit Hieroglyphen. Für den Erforscher des Unbewußten ist es eine sehr gute Übung, einen kurzen Artikel zu lesen und danach zu versuchen, ihn ohne Worte, nur durch gezeichnete Bilder, wiederzugeben. Wir werden feststellen, daß es nicht geht, daß es jedenfalls keine Lösung gibt, die unser Bewußtsein zufriedenstellen könnte. So etwas wie eine Negation z. B. kennt das Unbewußte nicht. Nehmen wir an, daß das Kind in einem Traum den Gedanken »Ich fürchte mich vor Vögeln« ausdrücken will. Es wird also ein Vogel im Traum vorkommen; aber wenn wir den Traumtext lesen, wissen wir nicht, ob er bedeutet »Ich möchte einen Vogel haben« oder »Ich möchte niemals einen Vogel haben« oder »Es war kein Vogel da« oder »Ich hatte keinen Vogel gesehen«: Das Positive und das Negative werden auf gleiche Weise ausgedrückt. Das ist die

---

* Dies ist eindeutig eine überaus starke Vereinfachung. Tagtraumphantasien und nächtliche Träume unterscheiden sich in wichtigen Aspekten, beide aber beinhalten sowohl Bilder als auch Worte. Nichtsdestoweniger ist die hier getroffene Unterscheidung zwischen »Es« und »Ich« von herausragender Bedeutung.

Sprache des Unbewußten, sie macht es uns so schwer, es zu verstehen, und sie ist der Grund dafür, daß Analytiker in solch großem Umfang auf Vermutungen angewiesen sind. Wir versuchen, die Sprache des Unbewußten in die des Bewußten zu übersetzen.

Dieser primitiven Funktionsweise mangelt es auch an anderen Dingen. So gibt es kein Zeitgefühl, und der Inhalt des Unbewußten altert nicht. Ein Wunsch des sechs Monate alten Kindes z. B. – sagen wir, der Wunsch, die Mutter ganz für sich allein zu haben – kann im Unbewußten lebendig bleiben, bis derselbe Mensch ein Erwachsener von vierzig oder fünfzig oder sechzig Jahren ist. Die Wünsche verändern sich nicht, sie verlieren nicht an Intensität, sie ändern sich nur in Einklang mit einem bestimmten Prinzip – dem Prinzip nämlich, daß es eine angeborene Abfolge triebhafter Wünsche gibt, die von seiten der Umwelt nicht beeinflußt wird. Wir werden darüber ein anderes Mal sprechen, wenn wir uns mit den Inhalten des Unbewußten beschäftigen.

Es gibt noch ein merkwürdiges Phänomen, das uns das Unbewußte so fremd erscheinen läßt, nämlich die mühelose Verschiebung der Energie. So kann z. B. die sexuelle Energie, die an ein bestimmtes Bild geknüpft ist, auf ein anderes Bild übergehen. Dies geschieht ganz leicht. Ich erinnere mich an die Geschichte eines kleinen Mädchens, das aufgrund seiner unbewußten Ängste große Schwierigkeiten hatte. Ihre Ausdrucksweise ließ ein wenig von der unbewußten Funktionsweise erkennen. Sie war sehr wütend auf ihre Ärztin, weil sie vor Ärzten furchtbare Angst hatte (sie war noch sehr klein). Sie begegnete ihrer Ärztin auf der Straße und sagte zu ihr: »Ich werde dich töten«, und die Ärztin meinte: »Ich dachte, du magst mich«, worauf sie antwortete: »In Ordnung. Dann töte ich eine andere Ärztin.« Hier hatte eine rasche Verschiebung stattgefunden; Energie und Vorstellung sind im Es nicht so eng miteinander verbunden wie die Verknüpfungen, die später durch unsere logischen Denkweisen gebildet werden.

Nun, ich habe Ihnen einen flüchtigen Gesamteindruck vermittelt – einerseits von dem Prinzip, nach dem das Es arbeitet, andererseits von der Art seiner Funktionsweise, weil ich Ihnen zwei Dinge begreiflich machen wollte: Zum einen wollte ich Ihnen zeigen, wie notwendig die Schranke, die dieses Leben des Es von unserem alltäglichen Leben trennt, ist – die Normalität unseres Verhaltens im täglichen Leben hängt tatsächlich davon ab, daß das Es nicht in andere Teile unserer Persönlichkeit eindringt. Und zum anderen wollte ich Ihnen zeigen, daß aufgrund dieser Schranke – um unseren roten Faden wiederaufzugreifen und zur psychoanalytischen Theorie, soweit sie für die Erziehung von praktischer Bedeutung ist, zurückzukehren – die Eltern keinen Einfluß auf das Es des Kindes ausüben können.

Das Es des Kindes, so wie ich es Ihnen jetzt dargestellt habe, ist der Umwelt entzogen, ihm ist die Umwelt gleichgültig, es wird von ihr nicht beeinflußt, von einem Punkt abgesehen. In einer Hinsicht können die Eltern ihren Einfluß geltend machen. Das Kind ist in den frühen Phasen nicht in der Lage, seine Triebe selbständig zu befriedigen, da es aber von dem gewaltigen Bedürfnis beherrscht wird, Spannung zu reduzieren und durch Triebbefriedigung Lust zu gewinnen, ist es von den Eltern abhängig. Die Eltern können ihm Befriedigung geben oder vorenthalten. Und indirekt beeinflussen sie, indem sie dem Trieb ein lustvolles oder nicht-lustvolles Schicksal bereiten, das Es des Kindes – genauer, sie haben zu ihm eine Verbindung, aber nur auf diese Weise.

Nun, das ist das Resultat meines heutigen Versuchs, Sie mit der Psychologie des Unbewußten bekannt zu machen. Beim nächsten Mal wollen wir einen Schritt weitergehen und uns ansehen, wie sich aus dieser unbewußten Grundlage heraus allmählich die Persönlichkeit entwickelt, die wir als Mensch bezeichnen.

Zweite Vorlesung
Ich und Es

Die Fragenflut hat eingesetzt. Ich hoffe, daß sich daran nichts ändert, weil Ihre Fragen es mir sehr erleichtern, näher auf Ihre Wünsche einzugehen und nicht vom Thema abzuschweifen. Diejenigen Zuhörer, die Fragen eingereicht haben, sollten nicht enttäuscht sein, wenn ich sie nicht immer umgehend beantworte. Die meisten Fragen sind sehr gut, überaus gerechtfertigt, und fördern exzellentes Material zutage – aber sie gehören in spätere Abschnitte unseres Kurses. Deshalb möchte ich sie nicht aus ihrem Zusammenhang reißen, indem ich sie sofort beantworte, sondern ihnen besondere Aufmerksamkeit widmen, wenn wir da angekommen sind, wo sie hingehören.

Eine Frage bezieht sich unmittelbar auf das Material, das wir beim letzten Mal diskutiert haben. Ich habe, glaube ich, einige Zuhörer irritiert, weil es so aussah, als würde ich das Es mit dem Unbewußten gleichsetzen. Ich wurde mehrfach gefragt, ob dies wirklich meine Absicht gewesen sei. Mit der Verwirrung der Zuhörer, die diese Frage an mich gerichtet haben, kann ich mich ohne weiteres identifizieren, denn sie müssen sich fragen, ob ich nichts von den Veränderungen gehört habe, die in diesem Zusammenhang während der vergangenen 26 Jahre stattgefunden haben. In der neueren Theorie wird das Es mit dem Unbewußten nicht gleichgesetzt.* Ich finde es durchaus berechtigt, wenn Sie darauf hinweisen, daß der Ausdruck »Unbewußtes« verschiedene Bedeutungen haben kann, und mich fragen, in welcher Bedeutung ich ihn benutzt habe. Die Zuhörer, die mir diese Frage stellten, dachten dabei wahrscheinlich an die zweifache Bedeutung des Wortes: die deskriptive einerseits und die dynamische andererseits. Deskriptiv formuliert, ist alles, was in einem bestimmten Augenblick unserem bewußten Denken und unserem Bewußtsein nicht gegenwärtig ist, unbewußt. Aber das bedeutet nicht, daß es nicht im nächsten Augenblick bewußt werden kann, denn der bewußte Teil unserer Psyche kann im-

---

* Hier stellt Anna Freud eine Vereinfachung aus der ersten Vorlesung richtig. Der Hinweis auf die »vergangenen 26 Jahre« bezieht sich auf Freuds 1926 erschienenes Buch *Hemmung, Symptom und Angst* (1926d, G. W. [Gesammelte Werke, S. Fischer, Frankfurt am Main] Bd. 14), in dem er die psychoanalytische Theorie in mehreren Punkten radikal revidierte.

mer nur eine bestimmte Anzahl von Gedanken und Bildern aufnehmen. Im deskriptiven Sinn ist also das, was uns in einem bestimmten Augenblick gegenwärtig ist, bewußt; was uns nicht gegenwärtig ist, ist unbewußt. Das ist rein deskriptiv und bringt uns nicht sehr weit. Aber das Wort hat auch eine dynamische Bedeutung, in der wir den Begriff »Unbewußtes« für solche Gedanken und Bilder benutzen, die nicht bewußt werden können, ohne erheblichen Widerstand zu überwinden. Das ist das Unbewußte, über das ich im letzten Vortrag gesprochen habe. Es ist unbewußt, und es kann nicht ohne weiteres bewußt werden.

Darüber hinaus aber hat man den Begriff »Unbewußtes« früher noch in einem dritten Sinn verwendet, im systemischen Sinn, und einen ganzen Bereich der Psyche mit ihm bezeichnet, nämlich das System Unbewußt, das annähernd mit dem identisch ist, was wir heute als Es bezeichnen. In dieser Bedeutung ist er mittlerweile nicht mehr gebräuchlich*, und damit habe ich Sie beim letzten Mal verwirrt – es lag nicht an meiner Vergeßlichkeit, vielmehr wollte ich einige Schwierigkeiten unserer Theorie umgehen (Sie ahnen nicht, wie viele Schwierigkeiten ich Ihnen im weiteren Verlauf ersparen werde). Nun, wir können mit dem Wort »unbewußt« nicht länger einen Teil der Psyche bezeichnen, weil unsere Psyche nicht fein säuberlich unterteilt ist. Es ist nicht so, daß alles, was, selbst in entferntem Sinn, zum Es gehört, unbewußt ist, während alles, was zum Ich oder Über-Ich gehört, bewußt ist. All die Abkömmlinge und Repräsentanzen des Es können ins Bewußtsein gelangen, und ein hoher Anteil der Ich-Aktivität geht nicht mit bewußter Wahrnehmung einher. Der Inhalt des Ichs ist uns in weiten Teilen nicht bewußt, und große Teile des Über-Ichs sind es schon gar nicht. Folglich unterteilen wir die Psyche nicht mehr in ein System »des Unbewußten« und ein System »des Bewußten«, sondern unterscheiden zwischen Es, Ich und Über-Ich, deren Inhalte mehr oder weniger bewußt oder unbewußt sind. Beim letzten Mal habe ich Ihnen jenen Aspekt des Es beschrieben, der unbewußt ist, und das hat mich bewogen, den Begriff so und nicht anders zu verwenden. Ich hoffe, die Fragen der Zuhörer, die deshalb irritiert waren, beantwortet zu haben.

* Anna Freud bezieht sich auf das System Unbewußt, das Freud in seinem »topischen« Modell der Psyche 1900 in der *Traumdeutung* (1900a, G. W., Bd. 2/3) beschrieb. Dieses Modell zerlegt den psychischen Apparat in die drei Bereiche Unbewußt, Vorbewußt und Bewußt. 1923 ersetzte er dieses Modell in *Das Ich und das Es* (1923b, G. W., Bd. 13) durch die Konzeption des Es, Ich und Über-Ich. In vielerlei Hinsicht aber sind die ursprünglichen topischen Formulierungen weiterhin von Nutzen.

Es gibt noch weitere Fragen, und sie haben mir die Punkte recht deutlich gemacht, die Ihnen im letzten Vortrag ein wenig Unbehagen bereiteten. Viele Zuhörer haben sich gefragt, ob das Es wirklich ein geschlossenes System ohne jede Kommunikation mit der Außenwelt darstellt. Kann es so etwas überhaupt geben? Und kann ein solcher Organismus existieren? Und Sie waren zu Recht irritiert. So etwas kann es nicht geben, und ein solcher Organismus kann nicht existieren – und übrigens habe ich nicht gesagt, daß zwischen dem Es und der Umwelt keine Kommunikation stattfindet. Ich habe mich ein klein wenig anders ausgedrückt. Ich habe gesagt, daß die Funktionsweise des Es die Umwelt nicht zur Kenntnis nimmt, daß die Es-Funktionen ihrem eigenen Prinzip gehorchen, nämlich ausschließlich dem Prinzip der Wunscherfüllung: der Realisierung der Triebbefriedigung, ungeachtet dessen, was in der Außenwelt geschieht. Ich habe auch gesagt, daß das Es kein Wahrnehmungsorgan besitzt, kein Instrumentarium, um die Außenwelt zur Kenntnis zu nehmen, und wollte damit zum Ausdruck bringen, daß es ein solches erst entwickeln muß.

Das Es wäre in der Tat ein geschlossenes System, wenn es der Umwelt nicht an einer Stelle zugänglich wäre – da nämlich, wo die Erfüllung der Es-Bedürfnisse, der Triebansprüche, lokalisiert ist. Wenn wir uns ein befriedigtes Es vorstellen müßten, dessen Wünsche ausnahmslos erfüllt werden, sobald sie auftauchen, dann hätten wir es tatsächlich mit einem geschlossenen System zu tun. Dies aber geschieht vermutlich nur in einer einzigen Situation – nämlich bei dem ungeborenen Kind, dem Fetus im Innern der Mutter, dessen Bedürfnisse ausnahmslos über den mütterlichen Körper befriedigt werden. Vom Augenblick der Geburt an stellen sich Bedürfnisse ein, die befriedigt werden müssen und von der Umwelt abhängig sind.

Vielleicht erinnern Sie sich noch an eine andere Bemerkung, die ich beim letzten Mal gemacht habe; ich sagte, daß der Kontakt zur Umwelt die einzige Chance darstellt, welche die Umwelt – z. B. die Eltern – hat, um die Triebe des Kindes indirekt zu beeinflussen, auch wenn die Eltern keinen unmittelbaren Einfluß auf sie ausüben können. Sie können die Triebe in gewissem Umfang regulieren, indem sie sie befriedigen oder die Befriedigung verweigern. Sobald es zur Welt kommt, ist das Kind auf die Erfüllung seiner Wünsche angewiesen, und da es noch keine Möglichkeit hat, die Umwelt zu kontrollieren, sie zu verändern oder sich mit ihr auseinanderzusetzen, muß es zumindest einen erwachsenen Menschen – die Mutter oder einen Mutterersatz – geben, der den jungen Organismus am Leben erhält. Das bedeutet, daß die Mutter als Verbindung zwischen den Bedürfnissen des Kindes und der Umwelt dient, bis in der Entwicklung des Kindes etwas geschieht, was dem jungen Individuum hilft, diese Rolle selbst zu übernehmen. Vielleicht ist die Frage, ob das Es ein geschlossenes System darstellt oder nicht, damit beantwortet.

Ich glaube, ich habe Sie darauf aufmerksam gemacht, daß Sie das, was ich hier sage, unter einem bestimmten Aspekt betrachten müssen – erinnern Sie sich, daß ich das Wort »Anatomie« benutzt habe? Was ich Ihnen hier zu vermitteln versuche, könnte man, auch wenn es nichts mit dem Gehirn oder dem Körper zu tun hat, in gewissem Sinn als die Anatomie der menschlichen Persönlichkeit bezeichnen. Ich beschreibe Ihnen einzelne Ausschnitte, und natürlich ergibt jeder Ausschnitt, für sich allein genommen, keinen Sinn. Wenn Sie sich in einer Anatomie-Vorlesung befänden und man Ihnen einen isolierten Magen vorführte, würden Sie sagen: »Das Ding kann nicht existieren, es ist auf einen Mund angewiesen, auf irgendeine Verbindung mit der Nahrung außerhalb, die vom Mund ins Innere oder in den Magen führt. Wie sollte die Nahrung sonst hineingelangen?« Allein sind die einzelnen Teile nicht funktionsfähig – aber um sie zu untersuchen, sie kennenzulernen, sie zu analysieren, müssen wir sie einen nach dem anderen betrachten. Beim letzten Mal haben Sie das Es als nur einen Bestandteil der Persönlichkeit kennengelernt, und nun versuchen wir, es wieder mit den anderen Bestandteilen zu verbinden, die aus einem einzelnen Segment einen heranwachsenden Organismus machen.

Das Es muß sich also seine Verbindung zur Umwelt schaffen. Diese Verbindung wird nach und nach, durch die Umformung eines Teils der ursprünglichen chaotischen Struktur, die ich Ihnen beim letzten Mal geschildert habe, hergestellt und bildet schließlich das, was wir als »Ich« bezeichnen. Ich werde versuchen, Ihnen Schritt für Schritt zu zeigen, wie dieses Ich aufgebaut wird. Ich orientiere mich wiederum an einer Frage, die jemand am Schluß der letzten Vorlesung gestellt hat – wenn im Es alles unbewußt ist, wie verhält es sich dann mit den auftauchenden Sensationen? Nun, genau darum geht es. Was unbewußt ist, sind die Triebe selbst. Was dem Individuum bewußt wird, sind die Sensationen, die »Spannungen«, wie ich sie beim letzten Mal nannte, die als Unlust oder Schmerz empfunden werden, wenn sie sich aufbauen, als Lust, wenn sie durch Befriedigung der Triebe reduziert werden. Wahrnehmbar für den Säugling ist also eine Skala innerlicher Sensationen –

Lust- und Schmerzempfindungen, von denen die Es-Aktivität, die immer bestrebt ist, Lust zu gewinnen und Schmerz zu vermeiden, gesteuert wird. Das ist alles, was wir zu Beginn des Lebens wahrnehmen können.

Aber dann gibt es sofort auch eine zweite Gruppe von Sensationen oder Wahrnehmungen, die dem Säugling bewußt werden. Dies sind die Wahrnehmungen, die sich aus den Sinnesorganen herleiten, das Empfinden von Hitze und Kälte und Nässe und Trockenheit, die Empfindungen der Haut, die hervorgerufen werden, wenn die Mutter den Körper des Kindes berührt oder wenn es gewickelt und angezogen wird usw. Es sind Geräusche, es sind die Lichtempfindungen; einige von ihnen sind lustvoll; über eine bestimmte Intensität hinaus aber bereiten sie dem Kind immer Schmerzen. Das Bewußtsein des Kindes ist also erfüllt von diesen zwei verschiedenen Empfindungen, den Sensationen innerlichen oder äußerlichen Ursprungs. Der erste Kern dessen, was wir später als Ich bezeichnen, formiert sich um diese Sensationen, die lustvollen und schmerzhaften; wir stellen es uns so vor, daß sie sich in einem Wahrnehmungszentrum, wie wir es nennen könnten, dem Ich-Kern, ansammeln.

Ganz zu Anfang trifft das Kind zwischen den Wahrnehmungen äußerlichen und innerlichen Ursprungs keine Unterscheidung. Das ist, wie Sie wissen, allgemein bekannt. Das Bauchweh, das der Säugling als eine sehr schmerzhafte Empfindung wahrnimmt, unterscheidet sich für das Kind z. B. überhaupt nicht von einem lauten Geräusch, das eine schmerzhafte akustische Sensation bewirkt. Die erste Funktion, die das Kind in dieser Hinsicht entwickelt – die erste wichtige Ich-Funktion, könnten wir sagen –, ist die Unterscheidung zwischen innerlichen Sensationen und äußeren Wahrnehmungen; in der Psychoanalyse sagen wir, das Kind habe gelernt, die »Realität zu prüfen«. Es dauert mehrere Monate, bis das Kind diese Realitätsprüfung perfekt beherrscht. Ich kann Ihnen anhand sehr einfacher Beispiele zeigen, wie sich diese Funktion entwickelt.

Ein hungriges Kind empfindet schmerzhafte Sensationen, die ihren Ursprung in seinem Bauch haben, aber da das Kind bereits Befriedigungserlebnisse kennengelernt hat, die mit dem Erscheinen der Mutter verbunden sind, mit der Brust der Mutter oder mit der Milchflasche, aktiviert es neben seiner Wahrnehmung des Hungerschmerzes das Bild des befriedigenden Objekts in der Außenwelt. Das befriedigende Objekt kann, wie ich gesagt habe, die Flasche sein, die Milch, die Brust, die

Mutter. Für das Kind ist es nur insofern wichtig, als es seiner Befriedigung dient. Das Kind aktiviert ein innerliches Bild, durch das es nicht befriedigt wird; wenn aber dasselbe Bild in der Realität in Gestalt der Mutter erscheint, in Form der Flasche und der Milch, sieht es für das Kind möglicherweise genauso aus, und dennoch handelt es sich um eine äußere Wahrnehmung.

Diese beiden Vorgänge, der innere und der äußere, unterscheiden sich voneinander einzig und allein durch das Befriedigungserlebnis, das dem äußeren, dem realen Vorgang folgt, nicht aber dem inneren. Durch den Unterschied zwischen beiden lernt das Kind die äußere Realität und die innerliche Welt der Bilder kennen. Ich weiß nicht, ob das für Sie sehr kompliziert klingt, aber vielleicht hilft es Ihnen, wenn Sie sich daran erinnern, daß wir auch im späteren Leben, wenn es uns keine Schwierigkeiten mehr bereitet, zwischen den Hervorbringungen unserer Einbildungskraft und den realen Bildern, die der Außenwelt entstammen, zu unterscheiden, hin und wieder in den infantilen Zustand zurückfallen. In unseren Träumen sehen wir die äußere Welt in sehr lebhaften Bildern, aber sie bescheren uns nur den Schein einer Befriedigung. Wir wachen unbefriedigt auf. In der simpelsten Form des Traumes, dem Hungertraum, in dem wir vom Essen träumen, haben wir ein wunderbares Gefühl, solange wir träumen, aber wenn wir erwachen, sind wir so hungrig wie zuvor, während das gleiche Bild, wenn es uns in der Außenwelt dargeboten wird, durch die befriedigende Mahlzeit vermittelt wird.

Wir wissen, daß wir auf der Höhe unserer Einbildungskraft ein sehr befriedigendes Phantasiegebilde zuweilen mit der Realität verwechseln, aber dies geschieht uns nur für einen kurzen Moment. Es gibt jedoch psychische Erkrankungen, in denen die Menschen tatsächlich in den Zustand des Säuglings zurückkehren, in denen sie halluzinieren, d. h. die Produktionen ihres eigenen, inneren Wunschdenkens irrtümlich für Erscheinungen und Wahrnehmungen der Außenwelt halten. Beim Säugling sind diese halluzinatorischen Prozesse normal, sie helfen ihm, die überaus wichtige Ich-Funktion zu entwickeln, die wir als Realitätsprüfung bezeichnen.

Dies also sind die Anfänge eines Ichs, und sobald diese Funktion erst einmal im Entstehen begriffen ist, treten im Laufe der ersten Lebensmonate sehr rasch weitere Funktionen hinzu. Anfangs nimmt der Säugling nur flüchtige Eindrücke wahr. Sie kommen und gehen, und sie unterscheiden sich voneinander nur insoweit, als sie mit lustvollen oder unlustvollen oder schmerzhaften Empfindungen verbunden sind. Aber beinahe augenblicklich entwickelt sich im Kind die Fähigkeit, eine Erfahrung wiederzubeleben, d. h. ein Befriedigungserlebnis aus der Vergangenheit zu erinnern, sobald sich das gleiche Bedürfnis erneut einstellt. Das Kind ist wieder hungrig und erinnert sich an den Augenblick der Befriedigung. Aus dieser Fähigkeit, Sensationen wachzurufen, die es einmal erlebt hat – Sensationen innerlichen und äußeren Ursprungs –, entwickelt sich allmählich die Gedächtnisfunktion, die wir alle kennen.

Unser Säugling kann also nun zwischen Innen und Außen unterscheiden und verfügt über die Funktion des Gedächtnisses – eine überaus wichtige Funktion, denn sie weist dem Kind von nun an den Weg. Es gibt jedoch noch eine Funktion, die erst nach einer gewissen Zeit ins Spiel kommt. In den allerersten Phasen trifft das Kind zwischen sich selbst und der Umwelt keine Unterscheidung – beide sind eins –, genauer gesagt, das Kind weiß nicht, wo seine eigene Person aufhört und die Außenwelt beginnt. Soweit wir es aufgrund späterer analytischer Untersuchungen sagen können, dürfen wir annehmen, daß das Kind die Milchflasche oder die Brust der Mutter für einen Teil seiner selbst hält und zwischen seiner eigenen Hand, an der es saugen kann, und der Brust oder Flasche, an der es ebenfalls saugen kann, keine Unterscheidung trifft. Der einzige Unterschied besteht darin, daß z. B. der Daumen immer da ist, während die Mutter oder ihre Hand oder ihre Brust regelmäßig wieder verschwinden.

Dies also ist der Bereich, in dem das Kind, mit Hilfe der neuerworbenen Gedächtnisfunktion, allmählich zu erkennen lernt, wo die Grenzen seiner eigenen Person liegen. Zu Anfang aber unterlaufen ihm bei dieser wichtigen Aufgabe noch viele Fehler, denn es legt seiner Unterscheidung nicht die reale Beschaffenheit der Dinge zugrunde, sondern verläßt sich wiederum auf seine lustvollen und schmerzhaften Empfindungen. Das Kind betrachtet das, was lustvoll ist, als seinen eigenen Besitz und möchte alles Schmerzhafte der Außenwelt zuschreiben – eine sehr vernünftige Vorstellung, die sich aber langfristig nicht aufrechterhalten läßt, weil der Unterschied letztlich nichts mit den Merkmalen des Schmerzes und der Lust zu tun hat. Aber es dauert ziemlich lange, bis das Kind unerwünschte Selbstanteile mit dem Bild, das es von sich entwickelt, in Einklang bringen kann.

Wie aber sieht das erste Bild, das der Säugling von sich – oder, wie wir jetzt sagen können, von seinem entstehenden Ich – entwickelt, aus?

Wenn wir den Begriff »Ich« verwenden, wissen wir ganz genau, was wir meinen. Wir meinen unseren Körper und unsere Persönlichkeit, soweit wir sie kennen, also unseren Körper und unsere bewußten psychischen Anteile. Untersuchungen von Kindern, die ein wenig älter sind, und von Erwachsenen legen die Vermutung nahe, daß das Kind zunächst seinen Körper und das, was zu ihm gehört, als sein Selbst, sein Ich, wahrnimmt. Hier bewegen wir uns freilich in sehr dunklen Regionen. Das frühe Ich ist das Körper-Ich; es entsteht aus den Sensationen, die den verschiedenen Körperteilen entstammen und von dort ins Bewußtsein des Kindes gelangen – so wird es in der Literatur beschrieben.

Wenn Sie Säuglinge beobachten, werden Sie feststellen, daß der eigene Körper sie sehr fasziniert, daß sie ihren Körper erforschen und allmählich Bekanntschaft mit ihm schließen. Sie sind ganz offensichtlich eifrig damit beschäftigt, die Sensationen zu verarbeiten, die in den verschiedenen Körperteilen ausgelöst werden, und sie zu einer Art Struktur aufzubauen, die wir unter dem recht vagen Begriff des »Körper-Ichs« kennen.* Das Körper-Ich bildet also die Grundlage der künftigen, bewußten Persönlichkeit, deren Inhalte (die sehr bedeutsam sind und von denen ich Ihnen ein anderes Mal berichten werde) sich um dieses Körper-Ich versammeln. Diese künftige, bewußte Persönlichkeit füllt sich mit Eindrücken, die sie der Außenwelt entnimmt, ein Vorgang, den Sie unter der Bezeichnung »Identifizierungen mit der Außenwelt« kennen. Das Körper-Ich ist älter als das Ich, das auf der Grundlage von Identifizierungen errichtet wird. Ich beschreibe Ihnen hier, was im ersten Lebensjahr geschieht – oder genauer, in den ersten Monaten des Lebens –, und ich habe versucht, dabei möglichst chronologisch vorzugehen.

Eine weitere, außerordentlich wichtige Errungenschaft dieses jungen Ichs ist die Herstellung einer Kommunikation zwischen verschiedenen Teilen. Das Ich dient nicht nur als Bewußtseinszentrum, in dem Sensationen und Wahrnehmungen aufeinandertreffen, sondern versucht auch, diese Wahrnehmungen und Sensationen miteinander zu verbinden, widersprüchliche Eindrücke zu verarbeiten. So könnte man in einem Wort zusammenfassen, was wir als Integrations- oder Syntheseversuch des Ichs bezeichnen. Diesen Versuch dürfen wir nicht allzu früh im Leben ansetzen; wir können, um genau zu sein, sagen, daß er

* Heutzutage mitunter als »Körper-Selbst« bezeichnet.

zwar früh in Erscheinung tritt, zunächst einmal aber nur die einfachsten Wahrnehmungen und Sensationen umfaßt. Wenn das Kind heranwächst, macht diese synthetische Funktion des Ichs immer größere Fortschritte, um aus dem kleinen Organ jene einheitliche Struktur zu formen, die wir später als unser wohlfunktionierendes, erwachsenes Ich kennen.

Es wird Ihnen nun völlig einleuchtend erscheinen, daß es mit dem Frieden des Kindes (wenn es ihn überhaupt gibt) ein Ende hat, sobald diese Integration des Ichs einsetzt. Ich habe beim vergangenen Mal eines der wichtigen Merkmale der Es-Aktivität erläutert, die Tatsache, daß das Es keine Widersprüche zwischen seinen unterschiedlichen Strebungen kennt. So widersprüchlich diese Strebungen ihrem Wesen nach sein mögen, sind sie doch gleichzeitig vorhanden; sie leben Seite an Seite. Jede Triebregung strebt nach Befriedigung, ohne die anderen zu berücksichtigen. Wenn die Repräsentanzen dieser Triebregungen im Ich aufeinandertreffen, muß eine Art Harmonie unter ihnen hergestellt werden, und in diesem Augenblick setzt im Menschen der Konflikt ein.

Vermutlich sind Sie in der Literatur, der Dichtung, der Geschichte und ebenso häufig in Gesprächen einem bestimmten Wunsch begegnet, der im Leben der Menschen anscheinend eine sehr große Rolle spielt – ich meine den Wunsch, ein wirklich einheitliches Wesen ohne inneren Konflikt zu sein. Dieser inneren Struktur, dem Wunschbild des Supermannes, wie wir sagen könnten, begegnet man besonders in der Literatur und Mythologie allerorten. Der Supermann ist in der Lage, diesen oder jenen Wunsch, dieses oder jenes Ziel zu verfolgen, ohne sich innerlich irritieren zu lassen, so als ob ihn nur ein einziges Vorhaben bewegte. Ich denke, daß diese Vorstellung so weit verbreitet ist, weil sie unmöglich zu realisieren ist. Sie könnten einwenden, daß der Es-Säugling, mit dem ich Sie beim letzten Mal bekannt gemacht habe, ein solcher Supermann sei, daß er nur ein einziges Ziel vor Augen habe – nämlich die Erfüllung seiner Triebwünsche. Im gleichen Augenblick aber, in dem die höhere Entwicklung einsetzt, beginnen die Konflikte. Der Konflikt und all seine Konsequenzen, die Aufteilung, die Spaltung innerhalb der Persönlichkeit, sind der Preis, den die Menschen für ihre sogenannte höhere Entwicklung zu zahlen haben.

Worin also besteht der Vorteil all dieser Ich-Funktionen? Wie werden sie von dem Säugling, der nun zu einem Kleinkind von vielleicht einem oder eineinhalb Jahren herangewachsen ist, benutzt? Es gibt noch eine weitere, sehr wichtige Funktion, die wir berücksichtigen müssen – die Funktion der Sprache. Die Erforschung der Sprachentwicklung ist an sich bereits ein hochinteressantes Unterfangen. Ich bin auf diesem Gebiet keine Autorität, sondern verfüge einzig und allein über bestimmte Beobachtungen. Wenn Sie die Sprachentwicklung des Säuglings verfolgen, werden Sie feststellen, daß sie, grob gesagt, in zwei Phasen verläuft. In einer Phase dient es dem Säugling bloß zum Vergnügen, wenn er Geräusche ausprobiert, die sein Mund und seine Zunge zustande bringen. Er verschafft sich selbst Unterhaltung, indem er in seinem Bettchen liegt und »sich Geschichten erzählt«, wie die Erwachsenen sagen, brabbelt, kräht und alle möglichen Laute produziert, an denen er seinen Spaß hat. Das ist die erste Phase.

Zu einem sehr frühen Zeitpunkt werden diese Laute dann dazu benutzt, eine Kommunikation zwischen dem Säugling und der Mutter herzustellen. Die Mutter versteht als erste, was die Laute zu bedeuten haben – genauer gesagt: Sie wird sie als Ausdruck einer bestimmten Stimmung des Kindes erkennen, einer Stimmung, die ein bestimmtes Bedürfnis anzeigt, und sie wird auf dieses Bedürfnis reagieren. Die Mutter weiß sehr genau, daß das hungrige Kind, das schläfrige Kind, das nasse Kind, das müde Kind jeweils unterschiedliche Laute von sich gibt. Diese Laute verwandeln sich in eine artikulierte Sprache, die schließlich zur Kommunikation mit der Umwelt dient. Aus anderen Untersuchungen ist Ihnen wahrscheinlich allen bekannt, daß das Sprachverständnis des Kindes früher einsetzt als die Fähigkeit zu sprechen – dies gilt zumindest für die meisten Kinder.

Der Sprachbeginn läßt sich nicht auf ein bestimmtes Alter festlegen. Es gibt Kinder, die im Alter von elf Monaten sprechen lernen, und es gibt andere Kinder, die erst mit zweieinhalb sprechen können; das übliche Alter liegt zwischen ein und zwei Jahren. Psychologische Untersuchungen haben uns gezeigt, daß es eine bestimmte Anzahl von Worten gibt, die Kinder normalerweise in bestimmten Altersphasen sprechen, aber ich kenne eine ganze Reihe von Menschen, die erst mit zweieinhalb gesprochen haben (einer davon ist sogar hier). Die Eltern sind deshalb oft in großer Sorge – aber diese Kinder machen es für gewöhnlich dadurch wieder wett, daß sie im späteren Leben sehr viel reden. Der Spracherwerb ist also ein sehr individueller Prozeß, der demselben Ziel dient – er soll die Verbindung, die Kommunikation mit der Umwelt herstellen. Von analytischer Seite wissen wir sehr wenig über die Bedeutung einer verzögerten Sprachentwicklung. Sie bedeutet nicht, daß das betreffende Kind zu wenig Kontakt zur Umwelt hat, denn auch sein Verständnis der Sprache Erwachsener stellt diesen Kontakt her.

Die Sprache des Kindes ist eine ungemein wichtige und eine sehr sensible Funktion. Wenn das Kind in den zwei oder drei Monaten, in denen es die Sprache erwirbt, oder sogar noch drei oder sechs Monate später, durch irgendein Ereignis stark erschüttert wird – wenn es in dieser Zeit sehr krank wird, wenn es seine Eltern verliert oder ins Krankenhaus muß, wenn es von den Eltern getrennt wird oder einen anderen schweren Schock erleidet –, verliert es seine Sprachfähigkeit in der Regel und muß das Sprechen wieder neu erlernen. Ich habe eine große Zahl von Kindern gesehen, die gerade zu sprechen begonnen hatten und sehr gut sprechen konnten, solange sie mit der Mutter zusammen waren, aber ihre Sprache verloren, als sie von der Mutter getrennt wurden, und Monate brauchten, um sie wieder zu lernen. Das bedeutet, daß die Sprachfunktion eine besonders verletzliche Funktion ist.

Andererseits aber kann die Sprache, sobald das Kind sie einmal beherrscht, wirklich nur durch eine sehr schwere psychische Erkrankung beeinträchtigt werden oder verlorengehen. (Ich sehe hier von Kleinigkeiten mit neurotischen Ursachen, z. B. Stottern und andere Sprachstörungen, ab.) Im späteren Leben aber tritt so leicht kein Verlust der Sprachfunktion ein, weil sie aufs engste mit der nunmehr normalen Denkweise des heranreifenden Ichs verbunden ist – dem zusammenhängenden, logischen Denken, das all jene Verbindungen zwischen einzelnen Bildern herstellt, die wir in der Beschreibung des Unbewußten so sehr vermissen. Ich meine die temporalen und kausalen Gedankenverbindungen, die nur mit Hilfe der Sprache ausgedrückt werden können. Von nun an denkt das Ich in Worten, auch wenn dieses Denken nach wie vor, ebenso wie das Denken im Es, von Bildern Gebrauch macht; und darin liegt der enorme Unterschied zwischen der früheren und späteren Funktionsweise, zwischen der Funktionsweise des Es und der des Ichs.

Das Ich benutzt also diese Fähigkeiten, um zwischen Innen und Außen zu unterscheiden, um Erinnerungen festzuhalten (d. h. Erfahrungen zu speichern), zwischen sich selbst und der Außenwelt zu unterscheiden, seine verschiedenartigen Wünsche zu integrieren, seine Gedanken in logischer Reihenfolge zum Ausdruck zu bringen und seine Aktionen zu steuern. Bevor das Ich entsteht (oder bevor das Ich gegenüber den Trieben eine gewisse Stärke entwickelt hat), unterliegt das Handeln dem direkten Einfluß der Triebe. Das Handeln soll die

Wunscherfüllung herbeiführen, es wird von den Trieben gelenkt, ohne daß irgendein anderer Faktor außer dem Wunsch nach Lustgewinn Berücksichtigung findet. Das habe ich beim letzten Mal erläutert.

Nun aber übernimmt diese neue Person, die entstanden ist, das Ich, die Handlungssteuerung, und das bedeutet, daß das Handeln nicht mehr unmittelbar auf die Wahrnehmung eines Triebwunsches folgen kann, sondern das Denken zwischen Wunsch und Handeln geschoben wird – das Denken hat die Aufgabe, die Angemessenheit des Handelns zu überprüfen. Welche Folgen hätte diese oder jene Handlung in der Außenwelt? Wird sie eine Gefahr heraufbeschwören? Wird sie dem Individuum selbst schaden? Wird sie einem anderen Menschen schaden? Und je nachdem, wie es den Zustand der Umwelt einschätzt, beginnt das Ich nun, die innere Welt zu kontrollieren – nämlich einzuschätzen, welche Wünsche gefahrlos befriedigt werden können, in welchem Ausmaß und zu welchem Zeitpunkt. Das bedeutet, daß das Ich die Wünsche aussortiert, die erfüllbar sind, daß es andere zurückweist und wieder andere aufschiebt.

Wenn der kleine Säugling, den ich Ihnen beim letzten Mal beschrieben habe – der Säugling, der sich ausschließlich von seinem Es leiten läßt –, über eine entsprechende Muskelkraft verfügte, wäre er das gefährlichste Individuum, das man sich vorstellen kann. Er wäre eine Art Orang-Utan, der durch die Gegend streift, nach allen Seiten Schläge austeilt und sich nimmt, was immer er haben will. Vor diesem gefährlichen Individuum sind wir nur durch die Tatsache geschützt, daß es sich nicht bewegen kann, nicht gehen, nicht greifen kann und keine Kraft hat. Es ist ein Glück, daß wir mit wachsender Körperkraft auch ein zunehmend funktionsfähiges Ich erwerben, das diese Kraft automatisch kontrolliert. Aber natürlich gibt es Augenblicke, in denen das Es die Kontrolle des Ichs abschüttelt: jene Augenblicke, die ich beim letzten Mal erwähnt habe, in denen die Menschen aus irgendeinem Grund in Rage geraten, Verbrechen begehen, ihren Wutanfällen freien Lauf lassen, ihre Leidenschaften sie in diese oder jene Richtung treiben; das bedeutet, daß das Handlungsziel der Kontrolle des Ichs vorübergehend entglitten und wieder zu dem geworden ist, was es zu Beginn, bezogen auf die Triebkräfte des Es, war – eine gefährliche Situation.*

---

* Nicht in allen Ausbrüchen der Art, wie Anna Freud sie beschreibt, gewinnen Es-Impulse die Oberhand. Wutanfälle z. B. sind zwar häufig Ausdruck des Aggressionstriebs, oft aber stellen sie Angstreaktionen dar, und das Verhalten, das dabei zutage tritt, muß nicht unbedingt triebhaften Ursprungs sein.

Auf der anderen Seite wäre es meiner Meinung nach ein großer Fehler, wenn Sie sich diesen allmählichen Aufbau des Ichs als einen reibungslosen Prozeß vorstellten, als Prozeß, der nur ein Ziel verfolgt und keinerlei Rückschläge kennt. Kleine Kinder lernen, ihre Handlungen zu kontrollieren, oder sie lernen, wie wir sagen, rational zu handeln, und dann erwarten ihre Eltern von ihnen, daß sie sich immer rational verhalten; aber das tun sie nicht. Kleine Kinder von, sagen wir, zwei oder drei Jahren sind absolut unzuverlässig. Wir wissen nicht, ob ihr Verhalten in diesem oder jenem Augenblick noch immer vom Es oder aber vom Ich gesteuert wird. Es lohnt sich zu untersuchen, worin der Unterschied besteht oder wie wir vorhersagen können, was geschehen wird. Ich werde Ihnen eines der einfachsten Beispiele nennen.

In einer großen Stadt ist es angesichts des Autoverkehrs vergleichsweise einfach, zwei- oder dreijährigen Kindern die Gefahren der Straße begreiflich zu machen. Sie wissen sehr wohl, daß sie überfahren werden, wenn sie vor ein Auto laufen. Warum also trauen wir ihnen nicht zu – wir tun es ja tatsächlich nicht –, allein spazierenzugehen? Nun, stellen Sie sich ein Kind in diesem Alter vor, das ganz friedlich daherläuft, die Straße sogar vorschriftsmäßig überquert, wenn man es beaufsichtigt, und sehr stolz darauf ist, daß es gelernt hat, sich im Verkehr zurechtzufinden – eine Situation, die jeder von uns viele Male beobachtet hat. Nun aber stellen Sie sich dasselbe Kind in der folgenden Situation vor: Die Mutter des Kindes hat das Haus am Morgen verlassen, vielleicht um zur Arbeit zu gehen; das Kind wird zu einem Spaziergang ausgeführt, und plötzlich erblickt es auf der anderen Straßenseite seine Mutter, die, zur Mittagszeit vielleicht, gerade zurückkehrt. Wäre das Kind nun allein, könnte es wahrscheinlich nichts davon abhalten, über die Straße zu laufen, ohne den Verkehr überhaupt wahrzunehmen, um seine Mutter zu begrüßen. Aber warum?

Das Kind hat gelernt, daß der Verkehr gefährlich ist, und war eine halbe Stunde zuvor in der Lage, die Verkehrsregeln zu beachten. Das bedeutet, daß die Motilität des Kindes der Ich-Kontrolle unterliegt, solange es auf der anderen Straßenseite nichts Verführerisches zu sehen gibt. In dem Augenblick aber, in dem das Kind die Mutter, nach der es sich sehnt, erblickt, entgleitet dem Ich die Kontrolle, und das Verhalten des Kindes wird von dem Wunsch beherrscht, die Mutter so schnell wie möglich wieder bei sich zu haben. Dieser Wunsch leitet nun sein Verhalten, und der Wunsch hat mit dem Straßenverkehr nichts zu tun. All dies bedeutet, daß das ordnungsgemäße Verhalten, das rationale Verhalten des Kindes auf einer bestimmten Beziehung beruht, die mit der psychischen Ökonomie zusammenhängt. Es ist eine Frage des Kräfteverhältnisses: Wie stark ist der Wunsch, wie stark ist das Ich? Solange das Ich neu und noch im Entstehen begriffen ist, kann es von jedem Wunsch, der eine gewisse Stärke besitzt, überwältigt werden; und dies gilt für den gesamten Prozeß der Kindheit.

Wir betrachten den Prozeß der Ich-Bildung erst dann als abgeschlossen, wenn das Ich in der Lage ist, Handeln und Motilität unter sämtlichen Umständen, ungeachtet der Stärke des Wunsches, unter Kontrolle zu halten, mit Ausnahme jener Momente überwältigender Leidenschaft, denen jeder Mensch in seinem Leben zu bestimmten Zeiten erliegt. Haben Sie sich zum Beispiel jemals die Frage gestellt, weshalb junge Leute ihren Führerschein erst so spät bekommen? Es liegt nicht etwa daran, daß sie kein Auto steuern können. In der Regel fahren sie besser als ihre Eltern, aber die Polizei (die über das Verhältnis von Ich- und Es-Kräften genau Bescheid zu wissen scheint) traut ihnen nicht. Es kann geschehen, daß sie plötzlich ganz schnell irgendwohin wollen, und dann hat dieser Wunsch Vorrang vor den Verkehrsregeln. Sie bekommen ihren Führerschein dann, wenn ihre Verhaltensweisen normalerweise jederzeit der Kontrolle des Ichs unterliegen. Das scheint erst sehr spät im Leben der Fall zu sein.

Was gewinnt das Ich durch den Aufbau der verschiedenen Funktionen? Wie wirken sie sich auf die Persönlichkeit aus? Ich wiederhole noch einmal: Der Fortschritt betrifft zwei außerordentlich wichtige Aspekte. Zum einen verlagert sich die Ebene der Denkvorgänge vom Primärvorgang, den ich Ihnen als Merkmal des Es beschrieben habe, auf den sogenannten Sekundärvorgang: auf die Ebene der bewußten, logischen, rationalen Funktionsweise unter Kontrolle des Ichs – eine enorme Veränderung.

Die zweite überaus wichtige Ich-Funktion besteht darin, zwischen Wunsch und Handeln jedesmal das bewußte Denken zu schieben, wodurch sich das gesamte Persönlichkeitsbild verändert. Wenn Sie es auf diese Weise betrachten, werden Sie sehen, daß das Ich zwei Rollen spielt – oder wir könnten sogar sagen: eine Hauptrolle. Auf der einen Seite ist das Ich eine gewaltige Hilfe für die Triebe. Da es die Außenwelt kennt, kann es den Trieben den Weg zur Befriedigung weisen, insbesondere zur gefahrlosen Befriedigung. Das Ich berücksichtigt die Realität. Es wird nicht mehr vom Lustprinzip beherrscht. Auf der anderen Seite aber schiebt es die Wunscherfüllung auf und hemmt sie, indem es diese Denkvorgänge einschiebt und auf Sicherheit, Realität und Vernunft beharrt. Während das Ich also einerseits der Freund des Es ist und andererseits sein Feind zu sein scheint, stellt es in Wirklichkeit die Verbindung zwischen dem Es und der Umwelt her.

Soweit reicht unser heutiges Wissen. Ich vermute, daß Ihnen ein Aspekt klargeworden ist. Meine Ausführungen über das Es und das Ich bilden nur einen Rahmen – ein nacktes Gerüst, ein Skelett. Ich habe Ihnen nichts über den Inhalt des Es erzählt, und ebensowenig habe ich über den Inhalt des Ichs gesprochen. Ich habe über die Prinzipien der Es- und Ich-Aktivität sowie über ihre Funktionsweisen gesprochen. Für die nächste Woche sollten wir uns deshalb vornehmen, diesen leeren Rahmen auszufüllen. Mit dem Inhalt des Es werden wir beginnen. Ich hielt es für hilfreich, Ihnen zunächst einen Eindruck von der Persönlichkeitsstruktur zu vermitteln, in die sich dann alles weitere einfügen läßt.

Dritte Vorlesung
Sexualität und Entwicklung

Mittlerweile habe ich von diesem Publikum einen ganz anderen Eindruck als in der vergangenen Woche. Ich kenne Ihre Wünsche besser, habe aber im Laufe der Woche nur eine einzige wirkliche Frage erhalten. Diese allerdings bereitete mir erhebliches Kopfzerbrechen, weil sie mir Ihre Erwartung klarmachte, daß ich im Anschluß an die Beschreibung des Es und des Ichs nun ordnungsgemäß fortfahren und Sie mit dem Über-Ich bekanntmachen würde. Wo aber sollte ich das Über-Ich an diesem Punkt unserer Ausführungen hernehmen? Es hat noch gar keine Basis. Das Über-Ich ist das Resultat der Kräfte, die im Es aktiv sind, und auch wenn ich Ihnen das Es, seine Prinzipien und seine Funktionsweise in groben Zügen skizziert habe, haben wir die in ihm wirkenden Kräfte, den Inhalt des Es, noch nicht kennengelernt. Auf das Über-Ich werden Sie also warten müssen, bis wir an der richtigen Stelle angelangt sind.

Ich hoffe, daß Sie sich durch die Erwartung, Ihre Kenntnisse der menschlichen Persönlichkeit nun vervollständigen zu können, nicht von anderen Problemen haben ablenken lassen, die mit dem Material zusammenhängen – nämlich von der Frage, der wir uns nach jeder theoretischen Exkursion wieder zuwenden sollten. Sie erinnern sich, daß meine Aufgabe eine doppelte ist: Einerseits soll ich Sie mit den psychoanalytischen Theorien der Kindheit bekanntmachen; andererseits soll ich Ihnen zeigen, welche unmittelbare Relevanz diese Theorien für die Menschen haben, die Kinder erziehen – nämlich für die Eltern. Und das ist ein wichtiger Aspekt, um den wir das Material, das wir bisher kennengelernt haben, ergänzen müssen.

Welche Bedeutung hat das, was wir über das Es und über die Struktur des Ichs gelernt haben, für die Eltern? Mir scheint, daß Sie einen ganz bestimmten Punkt besser verstehen werden, wenn Sie ihn im Lichte all dieser Erkenntnisse betrachten. Sie haben so oft gehört, daß die wichtigsten Jahre, in denen man ein Kind beeinflussen kann, die ersten fünf Lebensjahre sind. Ich weiß nicht, ob Sie sich immer gefragt haben, warum dies so ist, aber die Antwort ist in dem bislang besprochenen Material enthalten. Führen Sie sich noch einmal das neugeborene Kind vor Augen, als ein Es ohne direkte Kommunikation mit der Umwelt, und stellen Sie sich dann das Ich als das Werkzeug, das Instrument vor, das sich aus dem Es herausbildet, um diese Kommunikation herzustellen.

Aufgrund meiner Beschreibung vom letzten Mal werden Sie nun ohne weiteres verstehen, daß es einige Jahre dauert, bis das Instrument, das Ich, der Vermittler zwischen Innen und Außen, die Verbindung zwischen der inneren Welt und der Außenwelt, hinreichend entwickelt ist, um seine Aufgabe erfüllen zu können. Solange das Ich noch unreif ist, treten die Eltern auf den Plan, um die Funktionen zu erfüllen, denen das unreife Ich des Kindes noch nicht gewachsen ist. Das bedeutet, daß sie die ungemein wichtige Aufgabe haben, zu entscheiden, ob ein Triebwunsch versagt oder befriedigt werden sollte; dies macht sie in den Augen des Kindes allmächtig.

Die Aufgabe, welche die Eltern erfüllen, wird später vom Ich selbst übernommen, und dann ist es eine der wichtigsten Ich-Funktionen, die innere Welt der Triebe zu regulieren, auszuwählen, welche Wünsche befriedigt werden können, Wünsche aufzuschieben, deren unmittelbare Befriedigung das Kind in Gefahr brächte, und Wünsche, die in ihrem primitiven Zustand nicht zu erfüllen sind, umzuwandeln. Wenn Sie die Aufgabe der Eltern nun so verstehen, daß sie für das Kind eine Art Hilfs-Ich darstellen, wird Ihnen auch einleuchten, wie sehr sich die Haltung der Eltern verändern muß, je weiter sich das Ich des Kindes selbst entwickelt. Es ist also ein großer Fehler, wenn die Eltern diese Ich-Funktionen anstelle des Kindes auch dann noch zu erfüllen versuchen, wenn dieses bereits ein reifes oder beinahe reifes Ich besitzt und problemlos in der Lage ist, sie selbst wahrzunehmen. Das ist die Situation, in der Sie alle es Ihren Eltern so übelnehmen, wenn sie versuchen, für Ihre innere Welt etwas zu tun, was Sie gerne selber täten.

So also sieht die praktische Anwendung des theoretischen Materials, mit dem wir uns beschäftigt haben, aus, und nun ist es höchste Zeit, Ihnen eine konkrete Vorstellung vom Inhalt des Es zu vermitteln.*Was spielt sich in dieser Unterwelt wirklich ab? Wie sind jene Triebkräfte

---

* Es folgt eine, wie Anna Freud sich häufig ausdrückte, Beschreibung »von der Seite des Es«. Bei der Betrachtung der kindlichen Sexualentwicklung legt sie die Betonung auf die verschiedenen Phasen der Kindheitssexualität, die das Kind der Reihe nach durchläuft. Es lohnt sich festzuhalten, daß diese Phasen zwar zur Betrachtung der Sexualentwicklung geeignet sein mögen, aber nicht den besten Weg darstellen, die Entwicklung des Ichs und Über-Ichs oder die Entwicklung der Beziehungen zu anderen Menschen zu betrachten – Themen, die in diesen Vorlesungen später zur Sprache kommen werden.

beschaffen, die nur mit Hilfe der Umwelt befriedigt werden können? Wie erklären wir sie theoretisch?

Bislang habe ich Sie in unseren Vorlesungen auf mehr oder weniger systematischem Weg durch das Material geführt und Ihnen Aspekte der menschlichen Persönlichkeit erläutert, ohne die chronologische Reihenfolge, in der sie entdeckt wurden, zu berücksichtigen. Nun möchte ich den historischen Weg einschlagen: d. h., ich möchte da ansetzen, wo die, wie wir es nennen, »psychoanalytische Triebtheorie« ihren Ursprung nimmt – nämlich in der Erforschung des Sexualtriebs. Das ist, so vermute ich, zugleich jener Bereich der psychoanalytischen Theorie, den Sie am besten kennen, weil er die größte Verbreitung gefunden hat. Es gibt dabei einen Punkt, der für Sie von Interesse sein könnte. Angesichts der Tatsache, daß umfassende Kenntnisse über das menschliche Sexualleben mittlerweile Gemeingut sind, ist es für den einzelnen sehr schwierig, zu unterscheiden, welcher Anteil der analytischen Arbeit wirklich zukommt, welche Entdeckungen die Psychoanalyse auf diesem Gebiet für sich in Anspruch nehmen kann und was immer schon bekannt war.

Nun, bevor die Sexualität zum Gegenstand der psychoanalytischen Forschung wurde, beschränkten sich die Kenntnisse über das Sexualleben des Menschen und seine Sexualfunktionen im Grunde auf einen einzigen Aspekt. Natürlich war die Bedeutung der Sexualfunktion für das erwachsene Leben, für das Eheleben und die Fortpflanzung immer bekannt, weiter aber reichte das Wissen nicht. Wie Sie sich vielleicht erinnern (aber ich erzähle Ihnen hier nichts Neues), nahm man an, daß das Sexualleben in der Adoleszenz beginnt. Man glaubte, daß Kenntnisse über das Sexualleben für das Verständnis von Kindern, die nicht mindestens die Prä-Adoleszenz erreicht hatten, nicht notwendig seien – zwölf Jahre waren das übliche Alter, und die Informationen zum Stichwort »Sexualleben«, die man den Eltern gab, beschränkten sich ausschließlich auf die genitale Aktivität mit einem Partner, deren Ergebnis die Fortpflanzung ist. Was dabei ausgelassen wurde, war eine ganze Menge. Es gab keine Vorstadien, die zu diesem sexuellen Endergebnis hinführten. Mit der damaligen Theorie des Sexuallebens ließen sich die Ursachen der zahlreichen Abnormitäten des Sexuallebens nicht erklären. Selbst in jenen Zeiten wußte man, daß Kinder sexuelle Reaktionen zu erkennen geben und genitale Interessen bekunden, noch bevor sie das Alter der Adoleszenz oder Prä-Adoleszenz erreicht haben. Man führte dies auf eine abnormale, frühreife Entwicklung zurück, und obgleich diese Dinge allen Menschen, die sich intensiv mit Kindern beschäftigten – Müttern oder Kinderfrauen –, bekannt waren, wurden sie geheimgehalten, weil jede Mutter glaubte, daß nur ihr Kind solche Reaktionen zeige, und es nicht der Kritik und Schande aussetzen wollte.

Auf der einen Seite wußte man also allgemein Bescheid, und auf der anderen Seite bestand eine allgemeine Unkenntnis. Was uns aber später interessierte, war die Beobachtung, daß die Welt der Erwachsenen, die an eine Sexualität vor der Adoleszenz nicht glaubte, dennoch sehr strenge Verbots- und Vorsichtsmaßnahmen gegen etwas errichtet hatte, das ihrer Ansicht nach gar nicht existierte.

Es gibt noch weitere Aspekte: Die zahlreichen Hemmungen der Sexualfunktionen bei erwachsenen Männern und Frauen – die Sie bei Frauen als Frigidität kennen und bei Männern in den verschiedenartigen Formen vollständiger oder partieller sexueller Impotenz – ließen sich damals nicht erklären. Man war der Ansicht, daß sie eine organische Ursache hätten, körperlich, nicht psychisch bedingt seien. Und darüber hinaus wurden auch all jene Abweichungen des Sexuallebens, die man als Perversionen bezeichnet und in denen der Sexualakt nicht an einem Partner des anderen Geschlechts oder vermittels der Genitalien selbst vollzogen wird, nur als Zeichen einer Abnormität oder Entartung betrachtet, einer Degeneration des Menschen, deren eigentliche Ursachen unmöglich zu ergründen seien.

So ungefähr sah das Wissen über die Sexualität aus, als die Psychoanalyse sie zu erforschen begann. Wenn ich versuche, Ihnen zusammenfassend zu beschreiben, was die Psychoanalyse dem hinzugefügt hat, genügen nach wie vor ganz wenige Stichworte. Die Psychoanalyse entdeckte vor allem, daß das Sexualleben des erwachsenen Menschen, das ich Ihnen zuvor geschildert habe, nicht etwas fix und fertig Vorgegebenes ist, sondern Ergebnis eines langwierigen Entwicklungszyklus, der mit der Geburt beginnt und in der Adoleszenz seinen Abschluß findet; daß diese Vorstufen der Sexualität, wie man sie nennen könnte, dadurch charakterisiert sind, daß in ihnen andere Körperteile eine zentrale Rolle spielen als jene, die unmittelbar der Sexualfunktion dienen – also die Genitalien, die Sexualorgane. Diese anderen Körperteile sind in der Lage, dem Individuum körperliche Lustempfindungen zu verschaffen, die mit der Lust, die sich später aus den Genitalien herleitet, vergleichbar oder zu gewissem Grad identisch sind. Dies sind die allerersten Stufen der Sexualität, die Ihnen in der Literatur oder in Gesprächen unter der Bezeichnung »infantile Sexualität« oder »prägenitale Sexualität« begegnet sind.

Merkwürdigerweise richtete sich die 20 oder 30 Jahre während Auseinandersetzung über diesen Gegenstand gar nicht immer gegen die Entdeckung dieser Fakten – weil es nämlich sehr schwierig ist, Fakten zu verleugnen, sobald sie einmal ans Licht gezogen worden sind –, sie betraf vielmehr die Terminologie. Die Welt wäre im allgemeinen sehr viel eher bereit gewesen, diese psychoanalytischen Grundannahmen zu akzeptieren, wenn man nicht den Anwendungsbereich des Wortes »sexuell« auf diese prägenitalen Stufen erweitert, wenn man sie irgendwie anders genannt hätte – »erotische Stufen« oder »Vorbereitungsstufen der Sexualität«. Mit jedem dieser Begriffe aber wäre die Situation in entscheidender Hinsicht verdunkelt worden. Solche Bezeichnungen hätten die Tatsache verleugnet, daß diese Dinge im Leben des Kindes die gleiche Rolle spielen wie die genitale Sexualität im erwachsenen Leben; und daß sie überdies die Zuflüsse sind, die sich schließlich vereinigen, um die erwachsene Sexualität zu konstituieren.

Ich muß Ihnen nun nur noch ganz rasch den nächsten Erkenntnisschritt in Erinnerung rufen – die Entwicklung der infantilen Sexualphasen, in deren Mittelpunkt immer jene Körperteile stehen, die in den jeweiligen Altersphasen des Kindes als Quelle sexueller Lust dienen. Vielleicht ist es für Sie interessant, noch einmal an die Tatsache erinnert zu werden, daß man all dies zunächst nicht am Kind selbst entdeckt hat. Es ist sehr merkwürdig, daß eine derart wichtige Entdeckung tatsächlich nicht an den Individuen gemacht wurde, in denen diese Dinge ja schließlich zutage traten, sondern im Laufe der Erforschung Erwachsener, deren neurotische Erkrankungen auf wichtige Geschehnisse in der Kindheit zurückverwiesen. So wurden also die Frühstadien der Sexualität zunächst aus dem Material rückgeschlossen, das man in der Arbeit mit Erwachsenen gesammelt hatte, und danach am Kind selbst bestätigt. Mittlerweile ist diese Bestätigung so umfassend, daß sie jedem einleuchtet, und es gibt heute nur noch sehr wenige Menschen, die nicht von ihr überzeugt wären. Wenn Sie Kinder direkt und mit offenen Augen beobachten, können Sie heute zu derselben Überzeugung gelangen und das gleiche Material zutage fördern, das die indirekte Untersuchung an erwachsenen Menschen zu Beginn erbracht hat.

An diesem Punkt stellt sich eine weitere Frage. Wenn all dies in der Kindheit so wichtig ist, warum war es erwachsenen Menschen dann nicht möglich, diese Entdeckung an sich selbst, mit Hilfe ihrer eigenen

Erinnerungen, zu machen? Die eigenen sexuellen Strebungen sind jedem Menschen durchaus bekannt. Warum war es einem aufmerksamen und lernbegierigen Menschen unmöglich, dieses Wissen bis in jene Zeiten zurückzuverfolgen, in denen die Sexualstrebungen noch nicht ihre erwachsene Form angenommen hatten?

Nun, hier spielt ein weiterer sonderbarer Faktor hinein, von dem Sie sicherlich schon viele Male gehört haben – die Tatsache nämlich, daß die Menschen sich an die ersten fünf Jahre ihres Lebens normalerweise gar nicht oder in nur sehr geringem Umfang erinnern. In dieser Zeit dominieren Geschehnisse im Es, denen das heranreifende Ich des Kindes in vielerlei Hinsicht entgegenwirkt. Weil diese frühen Triebansprüche im Kind Angstsituationen erzeugen, wird die Erinnerung an sie aus Vorsichtsgründen, von denen wir später noch hören werden, ausgelöscht oder ins Unbewußte verbannt. Und aufgrund dieser Tatsache waren wir gezwungen, unsere Forschungen auf Umwegen zu betreiben, indem wir zuerst abnormale Erwachsene untersuchten und später eine Technik zur Untersuchung normaler Individuen anwandten, die zu jenen verdrängten, unbewußten Anteilen der Persönlichkeit zurückführt – die analytische Technik.

Nun aber zu den Stufen der Sexualentwicklung, wie wir sie am Kinde beobachten können. Sie kennen Sie unter den drei Begriffen orale, anale und phallische Stufe. Ich bin mir völlig sicher, Ihnen damit nichts Neues zu sagen. Mit anderen Worten, in ihrem Mittelpunkt steht während des ersten Lebensjahres der Mund des Kindes, der in dieser Zeit die Lustquelle darstellt; später der Anus des Kindes, der nun zur Lustquelle wird; und ungefähr im Alter zwischen drei und fünf Jahren das Genitale des Kindes – aber das Genitale des männlichen Kindes und sein weibliches Äquivalent. Deshalb wird diese Zeit als »phallische Phase« bezeichnet, denn sie ist auf den Penis des Jungen und die Klitoris des Mädchens konzentriert.

Was bedeutet es, wenn man sagt, daß die Lust sich hier konzentriert? Und was bedeutet es, daß die Entwicklung des Lustgewinns einer so ordentlichen Abfolge gehorcht? Ganz gewiß bedeutet es nicht, daß der Mund dem Kind zu einem bestimmten Zeitpunkt kein Lustgefühl mehr verschafft und es sich dann für andere Teile seines Körpers zu interessieren beginnt; und auch zwischen der analen und der phallischen Phase findet kein jäher Wechsel statt. Empfindungen, die allen drei Körperteilen entstammen – Empfindungen sexueller, erotischer Natur –, werden vermutlich während der gesamten Kindheit vom Körper hervorgebracht oder verlangt. Die Gewichtung verlagert sich während dieser verschiedenen Phasen und rückt jeweils einen anderen Körperteil ins Zentrum der Aufmerksamkeit. Die Phasen fallen teilweise zusammen, lassen sich aber dennoch voneinander unterscheiden.

Wir wissen, daß das Interesse des Kindes im ersten Lebensjahr vor allem auf den Ernährungsvorgang konzentriert ist, und es wäre völlig falsch anzunehmen – auch wenn mir dieser Irrtum bei vielen Menschen begegnet ist –, daß die einzige Lust, die das Kind aus diesem Vorgang gewinnt, sexueller Natur und deshalb etwas ist, was wir als »Mundlust«, als orale Lust bezeichnen. Das trifft ganz gewiß nicht zu. Die Lust, die dem Kind durch die Nahrungsaufnahme vermittelt wird, ist die Befriedigung eines körperlichen Bedürfnisses – nämlich des Hungers. Aber während das Kind seinen Hunger befriedigt, werden in seinem Munde Empfindungen ausgelöst, die außerordentlich lustvoll sind, die erste Lust jener Art, die wir als sexuelle Lust bezeichnen; und ganz unabhängig vom Ernährungsvorgang sucht ein Kind, sobald es diese Lust während der Nahrungsaufnahme entdeckt hat, sie auch weiterhin, wenn es gar nicht hungrig ist. Wir wissen, auf welche Weise Kinder dies tun.

Sie saugen nicht nur an der Milchflasche oder der Brust ihrer Mutter, sondern überdies an anderen Dingen. Sie saugen an einer Vielzahl von Substituten, nicht weil sie hungrig sind, wie man früher glaubte, sondern weil sie von jener Mundlust, die sie während der Nahrungsaufnahme erlebt haben, mehr bekommen möchten. Sie wissen, daß Kinder am Daumen oder an den Fingern lutschen; manche sind richtig gierig, lutschen an zwei oder drei Fingern gleichzeitig und versuchen, sie so weit wie möglich in den Mund zu bekommen. Manche saugen an ihren Füßen oder an jenem Teil des Fußes, den sie zum Mund führen können. Manche saugen am Kissen oder lutschen am Deckenzipfel – es gibt eine Unmenge verschiedenartigster Dinge, an denen sich saugen läßt. In einer Gruppe von etwa 25 lutschenden Kleinkindern haben wir einmal versucht, Ähnlichkeiten auf diesem Gebiet festzustellen, aber die Saugvorlieben der Kinder scheinen ebenso mannigfaltig zu sein wie die Geschmäcker Erwachsener, die sich in Restaurants Gerichte bestellen. Sie haben ihre Vorlieben, an denen sie festhalten. Das bedeutet, daß die übrigen Finger für ein Kind, das am Daumen lutscht, völlig uninteressant sind; wer seine Decke vorzieht, wird mit dem Daumen nicht zufrieden sein usw. Dieses Lutschen scheint etwas sehr Harmloses zu sein, vor allem deshalb, weil die Kinder, während sie lutschen, völlig zufrieden und ruhig sind, so zufrieden, daß z. B. Mütter und Kinderfrauen im vergangenen Jahrhundert die Angewohnheit hatten, den Kindern etwas in den Mund zu stecken, woran sie lutschen konnten –, ich weiß nicht, wie man es nennt, weil es heute ganz aus der Mode gekommen ist. Es war so etwas Ähnliches wie der obere Teil der Milchflasche, allerdings ohne Flasche. [Im Publikum sagt jemand: »Ein Schnuller«.]* Ein Schnuller, ein Beruhigungssauger also. Warum beruhigt er? Weil er das Verlangen des Kindes nach oraler Lust stillt – man hat damals nur vergessen, diesem Sauger seinen vollen Namen zu geben.

Im vergangenen Jahrhundert und zu Beginn unseres Jahrhunderts entstand eine gewaltige Bewegung, die sich nicht allein gegen den Gebrauch von Schnullern richtete, sondern generell zu verhindern suchte, daß das Kind sich durch Fingersaugen Lust verschafft. Mit allen nur vorstellbaren und für uns heute unvorstellbaren Mitteln hinderte man die Kinder am Lutschen – man band ihnen die Hände fest, rieb ihre Finger mit übelriechenden oder -schmeckenden Flüssigkeiten und Salben ein usw. Um zu begründen, weshalb man Kinder vom Fingerlutschen abhalten müsse, führte man alle möglichen Rationalisierungen an – es deformiere den Oberkiefer, sei schädlich für die Haut der Finger usw. Das Saugen war das Schlachtfeld, auf dem der erste Kampf zwischen dem Kind und seinen Eltern – oder zwischen dem Kind und der damals üblichen Kinderfrau – ausgefochten wurde.

Unser heutiges, größeres Wissen über die Hintergründe des Saugens läßt uns vielleicht ahnen, weshalb man sich so verhielt, auch wenn die Menschen sich dessen wahrscheinlich nie bewußt waren. Das Kind, das in der Lage ist, seine eigenen Bedürfnisse zu stillen, ist in dem Maße, in dem es sich auf diese Weise Befriedigung verschafft, von der Umwelt unabhängig; und es scheint, als hätten die Eltern dies erkannt und das Entscheidungsrecht darüber, wann dem Kind eine Befriedigung zustehe, rigoros für sich selbst beansprucht. Die Selbstbefriedigung des Kindes auf der oralen Ebene wurde als Bedrohung empfunden. Wenn Sie mich fragen, wie lange das Saugen als Lustquelle dient, fällt mir die Antwort darauf gar nicht so leicht. Eigentlich sollte es im ersten und zweiten Jahr der Fall sein, aber die Entwicklung verläuft nicht immer planmäßig, und so werden Sie feststellen, daß auch drei-, vier- und

* Im Englischen »pacifier«, also »etwas Beruhigendes«. Im folgenden deutet Anna Freud an, daß man diesen »pacifier« im Grunde als »oral pacifier« hätte bezeichnen müssen (A. d. Ü.).

fünfjährige Kinder noch am Daumen lutschen, wenn man es ihnen nicht verbietet. Neulich erzählte man mir sogar von einem High-School-Schüler, der sich nach der Lösung eines mathematischen Problems in eine Ecke des Klassenzimmers zurückzieht und am Finger lutscht. Wir ahnen, daß irgend etwas daran nicht in Ordnung ist. Warum ist das Kind nicht von dieser Lust zur nächsten übergegangen?

Wie nun ist die Lust, von der die orale abgelöst wird, beschaffen? Sie stellt sich, wie Sie ebenfalls wissen, ungefähr im zweiten Lebensjahr ein und währt vielleicht zwei oder drei Jahre. Im Mittelpunkt steht der Ausscheidungsvorgang, und auch hierbei handelt es sich nicht nur, wie viele Leute meinen, um ein Interesse an der Darmentleerung oder um eine Lust, die mit der Erleichterung, die das Kind nach dem Stuhlgang verspürt, verbunden ist; das, was in ihren Eingeweiden geschieht, bereitet den Kindern quälende Gedanken. Analog zu den Empfindungen im Mund ist es die den Anus umgebende Schleimhaut, die lustvolle Empfindungen erzeugt und das Kind dazu verleitet, sich Empfindungen dieser Art auch ohne gleichzeitige Entleerung des Darms zu verschaffen. Weiter aber reicht die Analogie nicht.

Neulich wurde mir die Frage gestellt, welchen symbolischen Wert Exkremente und Schmutz für das Kind haben, und nun ist der richtige Augenblick zu ihrer Beantwortung gekommen. Die Exkremente, der eigene Stuhl, haben für das Kind keinen symbolischen Wert. Es schätzt sie als das, was sie sind, um ihrer selbst willen, was ein Erwachsener sich nur sehr schwer vorstellen kann. Hier tut sich ein ungeheurer Abgrund auf zwischen den Gefühlen des Kindes und den entsprechenden Gefühlen des Erwachsenen. Was der normale Erwachsene als ekelhafte, schmutzige und vielleicht auch ein wenig verachtenswerte Angelegenheit betrachtet, der er mit Geringschätzung begegnet, ist für das Kind etwas, das es sehr hoch bewertet – nämlich ein Teil seines eigenen Körpers. Das Kind von zwei oder drei Jahren, dem körperliche Ausscheidungsprodukte noch kein Begriff sind, hält die Exkremente ebenso für einen Teil seines Körpers wie z. B. seinen Arm, sein Bein, seine Hand oder seinen Daumen.

Die Strenge, die viele Eltern bei der Sauberkeitserziehung bekunden, kann dazu führen, daß das Kind die Lust, die ihm die um den Anus zentrierten Empfindungen vermitteln, teilweise einbüßt. Bei sorgsamer Erziehung haben die Kinder heute keine Gelegenheit, diese analen Wünsche zu befriedigen, oder doch nur in sehr geringem Maße. Sie verlagern sie sehr bald auf andere Dinge, die eine gewisse Ähnlichkeit mit ihrem Körperprodukt aufweisen, und daraus leitet sich das generelle kindliche Interesse an schmutzigen Dingen her. Hier ist die Frage nach dem symbolischen Wert angebracht.

Für das Kind besitzt alles, was schmutzig ist, einen symbolischen Wert, der das Ausscheidungsprodukt seines eigenen Körpers, seine Exkremente, repräsentiert. Ich weiß nicht, ob es unter Ihnen jemanden gibt, der nur saubere Kinder kennt. Sollte dies der Fall sein, möchte ich denjenigen gerne zu einem umgehenden Experiment auffordern – versammeln Sie fünf Kinder im Alter von zweieinhalb Jahren (wenn Sie wollen, auch zehn Kinder, aber sie würden einen Heidenlärm veranstalten!) in einem Raum dieser Größe. Sie können den Raum sehr bunt anmalen und mit den interessantesten Spielsachen füllen, Spielsachen, die für dieses Alter geeignet sind, und dann stellen Sie in die hinterste Ecke des Raumes einen Eimer mit Teer und warten ein paar Minuten ab… Wenn Sie die Zeit stoppen wollen, um die Vorgänge zu quantifizieren, werden Sie sehen, wie lange es dauert, bis die Kinder alles andere im Stich lassen und sich dem Teer zuwenden. Die Anziehungskraft, die schmutzige Dinge, schmierige Dinge, Dinge von bestimmter Farbe auf Kinder dieses Alters ausüben, ist so unwiderstehlich, daß man es kaum zu glauben vermag. Wahrscheinlich kann das Kind ihr nicht widerstehen, weil ihm Erziehung und Betreuung die ursprüngliche anale Lust nur in sehr geringem Maß zugestehen.

Wenn wir uns zu einem späteren Zeitpunkt mit weiteren Aspekten der Kinderentwicklung beschäftigen, werde ich Ihnen zeigen können, daß jeder dieser sexuellen Entwicklungsphasen bestimmte Aspekte der Persönlichkeit des Kindes zuzuordnen sind; für den Augenblick aber wollen wir dies außer acht lassen. Ich kann Ihnen nur sagen (was wiederum nichts Neues für Sie ist), daß in diesen kleinen Schmutzfinken ungefähr im Alter von drei oder zwischen drei und vier Jahren, wenn ihr Interesse an analen Dingen weitgehend nachläßt und die sexuellen Empfindungen sich auf die Genitalien konzentrieren, eine bedeutsame Veränderung vonstatten geht.

Sie wissen alle, daß das Kind seine Lust und sein Interesse an diesem Körperteil bekundet, indem es mit seinen Genitalien spielt. Weniger klar ist Ihnen wahrscheinlich, daß dieses Interesse an den Genitalien mit zwei sehr offensichtlichen, manifesten Haltungen verbunden ist: Erstens einer sehr großen Neugierde in bezug auf die körperliche Beschaffenheit anderer Menschen, insbesondere unter dem Aspekt, ob sie ein männliches Genitale besitzen oder nicht, und zweitens einer enormen Lust, die der kleine Junge an allem hat, was er mit seinem eigenen Genitale zustande bringen kann – also seine ersten Erektionen. Erektionen lassen sich bei kleinen Jungen bereits in einem viel früheren Alter beobachten, wirklich wichtig aber werden sie für ihn erst jetzt, und die Bewunderung seines eregierten Penis, der Wunsch, die Mutter zur Bewunderung zu veranlassen, bildet den Höhepunkt dieser Sexualphase. Ich werde Ihnen darüber nichts weiter erzählen, weil sie es in der Literatur finden können – und wahrscheinlich schon gefunden haben. Ich möchte Sie gerne weiterführen.

Auf dem Höhepunkt der phallischen Phase kommt der kleine Junge in seiner ganzen Art einem kleinen Mann sehr nahe, näher als es danach für lange Zeit wieder der Fall sein wird. Doch gerade dann, wenn wir eigentlich annehmen sollten, daß diese Entwicklung weiter voranschreitet und sich aus dieser infantilen phallischen Form die erwachsene genitale Sexualität entwickelt, geschieht etwas (auch dies werden wir später noch unter einem anderen Aspekt betrachten), das die Triebansprüche des Kindes dämpft. Orale, anale und phallische Lustempfindungen treten in den Hintergrund, die damit verbundenen Wünsche verlieren an Bedeutung, und das Kind erreicht jene Phase, die wir als »Latenzphase« bezeichnen, weil wir sie unter dem Aspekt der Triebe, die nun latent sind, betrachten. Andere sprechen vom »Schulalter«, weil das Kind in dieser Zeit in die Hand der schulischen Autoritäten übergeht.

Wichtig für uns ist die Tatsache, daß sich während dieser Zeit das Kräfteverhältnis zwischen Ich und Es umkehrt. Waren in der ersten Phase der infantilen Sexualentwicklung die Triebansprüche sehr stark und die Kräfte, die das Ich ihnen entgegensetzte, vergleichsweise schwach, so lassen die Triebansprüche jetzt nach, und das gibt dem Kind die Chance, sich weiterzuentwickeln, neue Kräfte zu entfalten und alle möglichen anderen Aufgaben zu bewältigen. Die wichtigste dieser Aufgaben ist das Lernen, Lernen im Sinne der intellektuellen Entwicklung.

Und nun, mit, sagen wir, sechs bis zwölf oder dreizehn Jahren (das ist unterschiedlich), beginnt das Kind, dem Erwachsenen in vielen anderen Dingen ähnlich zu werden, nicht mehr in seinen sexuellen Betätigungsformen, sondern durch die Tatsache, daß es beinahe eine rationale Persönlichkeit ist. Kinder dieses Alters – Kinder in der Latenzperiode – sind im Hinblick auf die Ich-Steuerung ihrer Triebwünsche mehr oder weniger zuverlässig. Und nun geschieht das gleiche wie zuvor: Das

Kind erreicht gerade dann, wenn wir glauben, ein wirklich vernünftiges, menschliches Individuum vor uns zu haben, die Stufe der sogenannten Prä-Adoleszenz, und die ganze Geschichte bricht von neuem auf; all die infantilen Triebwünsche kehren zurück. Diesmal treten sie nicht als Entwicklungsphasen, eine nach der andern, in Erscheinung, sondern alle gleichzeitig. Das bedeutet, daß insbesondere Jungen (es tut mir leid, wenn ich voreingenommen klinge) wieder sehr gierig, sehr schmutzig werden und es ihnen sehr schwerfällt, sich einigermaßen sauber zu halten. Das ändert sich erst wieder, wenn sie 14 oder 15 sind. Sie verlangen sofortige Befriedigung, sind weitgehend unfähig, sich zu beherrschen; und wenn wir die Art ihres Verhaltens untersuchen und einen Aspekt nach dem anderen betrachten, können wir auf all die infantilen Aspekte verweisen, die aus der frühen Kindheit zurückgekehrt sind. Deshalb sprechen wir von der Periode des Wiederauflebens der infantilen Sexualität.

Und noch einmal stehen wir vor einer totalen Veränderung, wenn die Adoleszenz einsetzt, wenn all diese prägenitalen Aktivitäten im Vergleich zu den wirklich erwachsenen genitalen Wünschen, die sich an einen Partner des anderen Geschlechts richten, plötzlich unwichtig werden. Solche Wünsche äußern sich sehr bald im Wunsch nach Geschlechtsverkehr mit einem Partner des anderen Geschlechts. Sie werden, abhängig von der sozialen Schichtzugehörigkeit des Individuums und der Lebensweise der Gemeinschaft, entweder aufgeschoben oder befriedigt.

Wenn alles gutgegangen ist, ist das Individuum zu diesem Zeitpunkt in der Lage, ein erwachsenes Sexualleben zu führen. Weil aber der Weg all die Schwierigkeiten bereithält, die ich beschrieben habe, kann es im Laufe dieses Prozesses zu mancherlei Verzögerungen kommen. Mit jeder Entwicklungsstufe ist, wie Sie mittlerweile gesehen haben, das Problem des Bedürfnisses und der Befriedigung verbunden. Wie groß ist der Befriedigungsanspruch z. B. in der oralen Phase, inwieweit wird er befriedigt, inwieweit versagt? Das gleiche gilt für die anderen Phasen. Und Verzögerungen lassen sich nicht verhindern, indem man sämtliche Befriedigung mit der Überlegung verweigert, daß das Kind dann von einer Phase zur nächsten übergehen wird, weil ihm keine lustvollen Erfahrungen in nennenswertem Maß zuteil werden. Kinder, denen die Befriedigung in allzu großem Umfang versagt wird, behalten ihren Groll und die Sehnsucht nach den Lustempfindungen jener Phase bei, d. h., sie klammern sich an dieser Phase fest – oder entwickeln, wie wir sagen, eine Fixierung –, so daß sie ihre oralen oder analen Wünsche auch dann noch verfolgen, wenn sie in ihrem Sexualleben eigentlich schon Erwachsene sein sollten.

»In Ordnung«, meinte die Öffentlichkeit, kurz nachdem diese Fakten bekannt wurden, »dann sollen sie auf allen Stufen jede Befriedigung finden, die sie haben wollen.« Aber Sie wissen, daß ein Kind sich immer dann, wenn ihm in einer dieser frühen Phasen zu weitgehende Befriedigungen zuteil werden, gewissermaßen zur Ruhe setzt, daß es jede weitere Entwicklung verweigert und sich eine andere Art der Fixierung einstellt. Es ist völlig richtig, daß die Weiterentwicklung biologisch bedingt ist, durch angeborene Faktoren herbeigeführt wird, aber wenn das Kind auf Befriedigungen nur sehr widerwillig verzichtet, baut sich eine starke Gegenkraft in ihm auf, deren Endergebnis so aussieht, daß es die gleiche Fixierung an die frühen Phasen entwickelt. Dies stellt die Eltern, die das Kind durch diese Entwicklung hindurch geleiten müssen, vor eine sehr schwierige Aufgabe – sie müssen in jeder Phase über das geeignete Maß an Befriedigung und Versagung entscheiden; das ist der quantitative Aspekt der phasengerechten Erziehung.

Darüber hinaus aber haben die Eltern in jeder Phase auch zu entscheiden, ob sie all die prägenitalen Triebwünsche gleichartig oder unterschiedlich behandeln sollen. In der Regel sind Eltern entweder sehr tolerant, und dann sind sie es durchgängig, oder aber sehr fordernd und intolerant, so daß sie dem Kind die Befriedigung in allen Phasen verweigern. Nun, ich vermute, daß der qualitative Aspekt der Erziehung in diesen ersten Jahren für den Erwachsenen darin besteht, die mit der jeweiligen prägenitalen Entwicklungsphase einhergehenden Triebwünsche aufmerksam zu beobachten und zu entscheiden, ob es im späteren Leben irgendwo Platz für sie gibt oder nicht. Für die oralen Wünsche gibt es später, in der normalen Sexualität des Erwachsenen, jede Menge Platz. Jeder gesunde Erwachsene bezieht den Mund, in gewissem Maß zumindest, in die Vorbereitung des Geschlechtsverkehrs mit ein – z. B. durch das Küssen.

Vom Geschlechtsverkehr abgesehen, kennen wir im späteren Leben viele andere orale Lusterfahrungen: das Rauchen, Trinken, Reden. Ganz anders hingegen verhält es sich mit den analen Wünschen, die im späteren Leben tatsächlich keinen Platz mehr haben; das bedeutet, daß Befriedigungen, die ihnen zu einem sehr frühen Zeitpunkt gewährt werden, unter Umständen Haltungen entstehen lassen, die für den normalen Erwachsenen völlig unbrauchbar sind. Andererseits leiten sich aus dem analen Trieb außerordentlich wichtige Merkmale des erwachsenen Charakters her, wenn in einem frühen Stadium eine adäquate Umwandlung erfolgt ist. Auch darüber werden wir später mehr erfahren. Mir wäre es nur recht, wenn Sie sich merken würden, daß Eltern einen großen Fehler machen, indem sie sich auf diesen quantitativen Alles-oder-Nichts-, Viel-oder-Wenig-Standpunkt stellen; vielmehr müssen sie die Triebwünsche des Kindes genau verfolgen und auf die Verhältnisse des späteren Lebens abstimmen.

Wo können wir die Energien dieser prägenitalen Sexualität im Normalfall beobachten, und was wird aus den Formen, in denen sie sich äußert? Zum großen Teil finden sie, wie Ihnen bekannt ist, einen Platz im Sexualleben selbst, entweder als begleitende oder als vorbereitende Aktivität des Geschlechtsverkehrs, und das ist völlig normal. Das Ausmaß, in dem dies geschieht, ist je nach Gesellschaft verschieden. Eine Abnormität aber beginnt da, wo eine dieser Formen prägenitaler Sexualität stärker bleibt als der genitale Wunsch selbst oder im späteren Leben wieder stärker wird.

Dies bringt uns nun auch einem Verständnis der sogenannten »Perversionen« näher: des Phänomens, das wir an jenen Erwachsenen beobachten, die ihre sexuelle Lust nicht im normalen Genitalakt finden, sondern in irgendeinem abnormalen Akt, der – und dies wird Sie vielleicht überraschen – um eine dieser prägenitalen Formen der Sexualität zentriert ist, also einem Akt, in dem die Verwendung des Mundes oder der den Anus umgebenden Region oder irgendeine Form der Exhibition des Penis eine wichtigere Rolle spielt als der genitale Verkehr. Das bedeutet, daß diese Untersuchung der sexuellen Vorstufen in der Kindheit uns zugleich eine Erklärung für die Abnormitäten des Sexuallebens liefert, denen wir im späteren Leben begegnen. Es gibt eine eindeutige Affinität zwischen der infantilen Sexualität und den Perversionen im erwachsenen Leben. Das heißt nicht, daß das Kind pervers ist. In der Kindheit sind Perversionen normal, ebenso wie es in der Kindheit normal ist, auf allen vieren zu krabbeln, was im erwachsenen Leben auf eine sehr gravierende Abnormität verweisen würde.

Auch die Hemmungen des Sexuallebens, die sich vorher so schwer erklären ließen, stellen sich ganz anders dar, wenn Sie sie zu den schwierigen Prozessen der Versagung und Lustverweigerung in Beziehung setzen, die das Kind in seiner frühen Kindheit durchlaufen muß. Jedes Verbot, das dem Kind während der Zeit der infantilen Sexualität erteilt wird, kann in Form einer Hemmung zurückbleiben oder sich zu einer

Hemmung entwickeln und die erwachsene Sexualität verzögern; das bedeutet nicht, daß eine ungehinderte infantile Sexualität die Normalität des Erwachsenen garantiert – weit entfernt.

Diese infantile Sexualität – und das ist ein Punkt, den Sie sich bitte merken wollen – muß das Kind irgendwann hinter sich lassen. Normale Entwicklung bedeutet, daß es diese Entwicklungsphasen in einer Form erlebt, die es ihm ermöglicht, sie zu durchlaufen, nur das festzuhalten, was im erwachsenen Leben untergebracht werden kann, und die Anteile, für die es keinen Platz gibt, zu modifizieren. Und das ist sehr viel leichter gesagt als getan.

Vierte Vorlesung
Mehr über das Es

Seit der letzten Vorlesung habe ich eine Reihe wohlüberlegter Fragen erhalten, und ich denke, daß ich wenigstens fünf oder sechs davon beantworten sollte, wenn es Ihnen um die Zeit nicht zu schade ist. Diesmal orientieren die Fragen sich sehr eng an den Problemen, die zur Diskussion standen. Andererseits werden mir bei der Beantwortung die Unzulänglichkeiten meiner Ausführungen stärker bewußt, als es wahrscheinlich bei Ihnen der Fall war, während Sie mir zuhörten. Indem ich dieses ziemlich schwierige Material beschreibe und versuche, Ihnen ein umfassendes Bild zu vermitteln, muß ich mich jedesmal, wenn ich von einem Schritt zum nächsten übergehe, zwischen mehreren möglichen Darstellungsweisen entscheiden.

Wir können uns, um es genau zu formulieren, der psychoanalytischen Theorie von drei Seiten nähern. Wir können das tun, was ich bislang versucht habe – ich wollte Ihnen zunächst einmal ein strukturelles Bild vermitteln. Ich hätte mich aber auch von Anfang an für eine dynamische Darstellung entscheiden können, indem ich mich stärker auf eine Einschätzung der drei Kräfte beschränkt hätte, die gegeneinander arbeiten oder zusammenwirken. Ich hätte Ihnen dies alles sogar unter einem ökonomischen Blickwinkel darstellen können. Unter dieser quantitativen Perspektive kann man die Persönlichkeit und das Verhalten als Resultat eines Kräftemessens im Ich der Persönlichkeit, dem Schlachtfeld, auf dem dieser Kampf ausgetragen wird, betrachten. Ich wähle abwechselnd diesen oder jenen Ansatz, aber durch die Kürze der Zeit sind mir Grenzen gesetzt. So mußte ich mir beim letzten Mal, als ich die menschliche Sexualentwicklung beschrieb, den ökonomischen Aspekt für die nächste Vorlesung aufheben. Mit dem ökonomischen Aspekt meine ich die Überlegung, daß in dieser Entwicklung des menschlichen Sexuallebens eine bestimmte Kraft aktiv ist, die Energie, die sich im Sexualtrieb verbirgt und für die wir in der Psychoanalyse eine besondere Bezeichnung haben – Libido. Wir sind zudem der Ansicht, daß wir ausnahmslos alles, was im Entwicklungsverlauf geschieht, als Schicksal der Libido betrachten können. Beim nächsten Mal werde ich versuchen, dies ein wenig zu erläutern.

Nun aber zu den Fragen. Ich erhielt eine wichtige Frage, nämlich die, ob es mir richtig erscheint, daß wir über die Erforschung der Abnormitäten des menschlichen Lebens zu einer Psychologie dessen gelangen, was wir als Normalität ansehen. Diese Frage ist schon viele Male gestellt worden, vor allem in den ersten Jahren der Geschichte der Psychoanalyse. Ich weiß nicht, ob eine solche Erweiterung angemessen . ist. Ich weiß nur, daß die Psychoanalyse nicht das einzige Gebiet in der Wissenschaft ist, wo dies geschieht. Man hat auch die Funktionsweise des normalen Körpers häufig unter dem Blickwinkel ihrer pathologischen Veränderungen erforscht. Die Anwendung der Pathologie ist für uns außerordentlich wichtig, gerade im Bereich der Psychoanalyse, wo wir es für unmöglich halten, Experimente durchzuführen – zumindest dann, wenn es um die entscheidenden Ereignisse des menschlichen Lebens geht.

Psychologische Experimente werden sich immer auf weniger bedeutsame Vorkommnisse beschränken müssen, und vielleicht können wir die entscheidenden Ereignisse dann aufgrund der Beobachtung der weniger wichtigen beurteilen. Es wäre allzu gefährlich, um der Forschung willen in das menschliche Leben einzugreifen. Auf der anderen Seite werden uns durch die Abnormitäten der menschlichen Natur beständig unfreiwillige Experimente vor Augen geführt. Jede psychische Abnormität stellt zugleich die Überbetonung einer Verhaltensvariante oder eines psychischen Kausalzusammenhangs dar; und deshalb erfahren wir eine Menge über das Normale, indem wir das Abnormale untersuchen. Auf die Frage, ob wir von den abnormalen psychischen Geschehnissen einen angemessenen Gebrauch machen, geben also solche Fälle eine Antwort, in denen unsere Erkenntnisse über die abnormale Persönlichkeit sich durch Beobachtung und Erfahrung für die normale bestätigen lassen. Und was das menschliche Sexualleben anbelangt, verhielt es sich tatsächlich so. Zum Beispiel wurden die Stufen der Sexualentwicklung – oder der libidinösen Entwicklung, wie man sie gewöhnlich nennt – bei abnormalen Persönlichkeiten entdeckt. Die Beobachtung normaler Kinder aber hat sie immer wieder bestätigt.

Mehrere andere Fragen, die ich erhielt, betrafen die Details der verschiedenen Stufen der Sexualentwicklung. Welche Bedeutung hat beispielsweise das Daumenlutschen? Ich habe in meiner Vorlesung darauf hingewiesen, daß bestimmte Kinder auch im vierten und fünften Lebensjahr noch am Daumen lutschen, während wir diese spezifische Form der Befriedigung doch eigentlich in die orale Phase und die unmittelbar daran anschließende Zeit verweisen würden. Meiner Meinung nach ist die Frage, welche Bedeutung wir einem solchen Geschehen beimessen, leicht zu beantworten. Wir halten dieses Phänomen nicht etwa für hochgradig abnormal, d. h., wir gehen nicht davon aus, daß ein solches Kind irgendeiner besonderen Gefahr ausgesetzt ist. Aber wir sind der Ansicht, daß dieses Kind das Daumenlutschen aufgegeben hätte, um zu einer der späteren Formen seiner libidinösen Befriedigung überzugehen, wenn nicht irgend etwas geschehen wäre, durch das es stärker als normal an die orale Phase gebunden wurde. Das bedeutet, daß nennenswerte Anteile der sexuellen Energie – die orale Libido – an diesen Punkt fixiert geblieben sind und die Gefahr besteht, daß diese Energie dem Kind in späteren Entwicklungsphasen möglicherweise fehlt; das bedeutet, daß seine Lust an späteren Vorgängen unter Umständen eingeschränkt sein wird, weil ein allzu großer Anteil dieser bestimmten Energie nach wie vor auf einer frühen Stufe aktiv ist.

Ein anderer Zuhörer hat mich gefragt, ob wir irgendeinen Grund haben, anzunehmen, daß das Kind den Ausscheidungsvorgang benutzt, um Aggression oder Verachtung zum Ausdruck zu bringen. Sie wissen, daß dieser Aspekt in der Welt der Erwachsenen sowie in einschlägigen Witzen und Anspielungen auf Verdauungsvorgänge besonders betont wird: die Defäkation, oder was immer damit zusammenhängt, hat die Bedeutung von Geringschätzigkeit, Empörung, Spott, und sie bringt insbesondere die Verachtung für einen anderen Menschen zum Ausdruck. Was diesen Aspekt betrifft, würde ich sagen, daß die Darmentleerung des kleinen Kindes zunächst für einen anderen Menschen oder mit Rücksicht auf ihn erfolgt – als Ausdruck der Liebe, so könnte man es formulieren.

Die Sauberkeitserziehung des Kindes beruht zu erheblichem Teil auf der Tatsache, daß die Mutter das Kind animiert, seinen Darm ihr zuliebe zu einem festgelegten Zeitpunkt zu entleeren – weil die Mutter es will, könnten wir sagen. Darauf reagiert sie dann, indem sie ihr Wohlgefallen zum Ausdruck bringt, so als habe sie von ihrem Kind ein Geschenk bekommen; und tatsächlich betrachtet das Kind es als Geschenk, als Teil seines Körpers, das erste Geschenk vielleicht, das es der Mutter machen kann. Sobald sich die Einstellung gegenüber dem Darminhalt, gegenüber sämtlichen analen Angelegenheiten, in ihr Gegenteil verkehrt – was sehr abrupt geschieht, wenn großer Druck ausgeübt wird, und sehr allmählich, wenn der Druck nur gering ist –, kann auch dieses Geschenk sich in eine Bekundung des Gegenteils verwan-

60

deln – in eine Bekundung des Zorns, des Aufbegehrens, der Verachtung, des Spotts usw.

Eine andere Frage, die ich erhielt, betrifft möglicherweise ein terminologisches Problem. Jemand fragte, weshalb wir die phallische Phase nicht als genitale Phase bezeichnen – schließlich ist der Phallus, der Penis, das Genitale. Ich habe dies zu erklären versucht, als ich den Begriff zum erstenmal benutzte, indem ich darauf hinwies, daß das weibliche Genitale in der phallischen Phase keine Rolle spielt. Bei beiden Geschlechtern kommt dem männlichen Genitale oder seinem weiblichen Äquivalent die führende Rolle zu, und deshalb benutzen wir diesen Begriff.

Eine andere Frage führt weit über unser unmittelbares Thema hinaus und wird vielerorts diskutiert. Es geht darum, ob die Latenzphase, die Abschwächung der Triebe nach dem fünften Lebensjahr, biologische Ursachen hat oder ein Ergebnis der Zivilisation und Kultur darstellt, vielleicht auch ein Ergebnis sämtlicher Erziehungsfaktoren, die auf das Kind einwirken. Gestern abend erhielt ich in einem Seminar die interessante Information, daß man eine Latenzperiode in zahlreichen, sehr verschiedenartigen Kulturen kennt. Dennoch werden Sie sehen, daß diese Frage nach wie vor sehr häufig diskutiert wird.

Die letzte Mitteilung bringt die Hoffnung zum Ausdruck, daß ich es bei meiner Feststellung, die Eltern sollten das Ausmaß der Befriedigung sorgfältig abwägen, nicht belassen werde, sondern irgendwann ausführlicher erläutere, was Eltern tatsächlich tun sollten. Das will ich mir gerne merken.

Vielleicht führt uns die letzte Frage unmittelbar in die Zeit zurück, in der die psychoanalytische Sexualtheorie der Welt erstmals präsentiert wurde und massiven Unwillen, Verärgerung und Zweifel aller Art hervorrief. Was die Eltern betrifft, so bürdete ihnen die Entdeckung, daß es so etwas wie eine infantile Sexualität gibt, zweifellos eine neue Last und eine neue Verantwortung auf. Von diesem Zeitpunkt an mußten sie ihre Aufgaben in bezug auf das Kind mit anderen Augen sehen – vorher hatten sie es als ihre selbstverständliche Aufgabe betrachtet, das Kind vor möglichen sexuellen Einflüssen aus der Umwelt zu schützen.

In jenen Zeiten, in denen die Theoretiker der Psychologie den Standpunkt vertraten, daß das Kind von Natur aus gut sei, hielten die Eltern es für ihre einzige Aufgabe, dieses Gute im Kind zu bewahren und nicht zu verderben; wie wir nun sehen, stehen die Eltern vor einer schwierigen Aufgabe. Sie müssen das Kind sicher durch all jene Phasen hindurchgeleiten, die potentiell gefährlich sind, weil das Kind in jeder einzelnen Phase zurückgehalten werden oder pathogene Kerne erwerben könnte. Das aber war vermutlich nicht der einzige Grund, weshalb die Öffentlichkeit so lange brauchte, bis sie diese Tatsachen des Sexuallebens, mit all ihren von der Psychoanalyse dargestellten Konsequenzen, vor allem der Tatsache der infantilen Sexualität, zu akzeptieren vermochte. Im Laufe der letzten zehn oder zwanzig Jahre hat man all dies sehr weitgehend anerkannt, und heute ist es beinahe überall möglich, mit Eltern über diese Dinge zu sprechen.

In vielen Teilen der Welt werden die Kinder als Lebewesen behandelt, die ein Recht auf ihr Sexualleben haben, auf ihre sexuelle Aufklärung, auf die Hilfe, die sie benötigen, um eine normale erwachsene Sexualität zu entwickeln. Es ist interessant, sich zu vergegenwärtigen, daß gerade kürzlich ein Rezensent in einer führenden englischen Tageszeitung die jüngste Ausgabe der *Drei Abhandlungen zur Sexualtheorie* kommentiert hat, Freuds Buch, das die Grundlage für all diese Erkenntnisse über die Kindheitssexualität legte und im Jahre 1905 erschien. Der Rezensent meinte, er könne wahrlich nicht einsehen, weshalb man sich über dieses Buch derartig aufgeregt habe; es enthalte überhaupt nichts Neues, nichts, was nicht jeder ohnehin schon wüßte. Er vergaß, daß eben dieses Buch uns all diese Dinge überhaupt erst zur Kenntnis gebracht hat!

Ich habe mir überlegt, daß Sie nun, nachdem Sie ein allgemeines Bild von der menschlichen Sexualität gewonnen haben, dafür gerüstet sind, sich an eine Beschuldigung zu erinnern, die viele Jahre lang (in jüngster Zeit weniger) gegen die Psychoanalyse erhoben wurde – ich meine die Beschuldigung, daß die Psychoanalyse im Grunde eine Art Pansexualismus darstelle und sämtliche Erscheinungen des Lebens als Ergebnis der Aktivität des Sexualtriebs erkläre. Es ist merkwürdig, daß diese Beschuldigung überhaupt je erhoben werden konnte, denn wenn Sie sich die analytische Literatur zur Triebtheorie ansehen, werden Sie erkennen, daß die psychoanalytische Theorie nie versucht hat, menschliches – normales oder abnormales – Verhalten als Resultat der Aktivität eines einzigen psychischen Prinzips zu erklären; die psychoanalytische Theorie, die Triebtheorie, ist vielmehr von Anfang an streng dualistisch gewesen und hat immer nach zwei Prinzipien gesucht, die einander entgegenwirken.

Die ersten Untersuchungen neurotischer Erkrankungen beruhten mit Sicherheit nicht auf der Annahme, daß diese kranken Menschen einen überaus starken Sexualtrieb haben oder ihr Sexualtrieb diese Abnormitäten hervorruft. Vielmehr vertrat man genau die gegenteilige Auffassung: Man betrachtete die abnormale Symptombildung als Resultat eines Drucks, der einen anderen Ursprung hat und auf den Sexualtrieb einwirkt, d. h. ihn verdrängt. Welche Vorstellung nun hat die Psychoanalyse im Laufe der Jahre von diesen Prinzipien, die einander in der menschlichen Psyche entgegenwirken, entwickelt? Als man begann, das menschliche Sexualleben auf diese Weise zu erforschen, postulierte man den Gegensatz zwischen der Aktivität des Sexualtriebs und der Aktivität anderer Triebe – deren wichtigster Repräsentant der Hunger ist –, zwischen einer Triebgruppe – nämlich den Fortpflanzungstrieben –, die der Erhaltung der Art dient, und einer anderen, die das Überleben des Individuums sichert. Auf diese Weise ergab sich eine Interaktion zweier Kräfte, repräsentiert durch Hunger einerseits und Liebe andererseits. Das waren die sehr tastenden Anfänge einer analytischen Triebtheorie – sozusagen ihre erste Stufe. Nach einigen Jahren erwies sie sich als sehr unbefriedigend.

Theorien werden, wie Sie wissen, entwickelt, um Fakten besser einordnen zu können. Diese Theorie allerdings schien die Fakten nicht hinreichend zu erfassen, da weitere Untersuchungen – und zwar wiederum, wie ich leider sagen muß, Untersuchungen abnormaler psychischer Zustände – die Entdeckung zur Folge hatten, daß der Hunger – also die individuelle Seite, die wir heute als die »Ich«-Seite des menschlichen Lebens bezeichnen würden – auch in den sexuellen Triebkräften eine Rolle spielt. Darüber werden wir beim nächsten Mal ausführlicher sprechen. Es zeigte sich, daß ein scharfer Gegensatz zwischen Sexualität und Ich in dieser Weise nicht zu postulieren war. Folglich mußte man die Interaktion der Kräfte, die verschiedenartige Auswirkungen auf das menschliche Verhalten haben, nun unter dem Aspekt einer Interaktion zwischen Ichtrieben und Sexualtrieben betrachten: zwei verschiedenen Formen des Trieblebens. Die Aggression, über die man heute soviel hört, wurde damals überhaupt noch nicht zu den Trieben gezählt, sondern als Reaktion des Ichs betrachtet, das um die Erfüllung seiner Wünsche kämpft. Man nahm an, daß das Individuum Aggression entwickelt, um sein Recht auf Befriedigung zu verteidigen, sobald seinen Trieben Grenzen gesetzt, ihnen Versagungen auferlegt werden.

Ungefähr so – ich habe hier ganze Bücher in wenigen Sätzen zusammengefaßt – sah die nächste Stufe aus. Im Anschluß entwickelte sich jene Theorie, die heute von der Mehrzahl der Psychoanalytiker vertreten wird – nämlich die Theorie der sogenannten Lebens- und Todestriebe. Sie ist heftig umstritten, und vielen Menschen fällt es ungeheuer schwer, sie mit ihrem Denken zu vereinbaren. Aus diesem Grund habe ich mir überlegt, daß Sie vielleicht froh sein werden, wenn ich einige Worte dazu sage, die Ihnen die Orientierung erleichtern.

Dieser Theorie liegt die folgende Annahme zugrunde: In der menschlichen Psyche sind zwei Gruppen von Kräften aktiv. Die eine von ihnen erstrebt die Vereinheitlichung des Lebens, die Konstruktion des Lebens, den Aufbau immer größerer Lebenseinheiten. Gleichzeitig ist im stillen die zweite Kraft aktiv und versucht, das Leben zunichte zu machen, das, was aufgebaut wurde, zu zerstören und das Individuum in den Tod zu führen. Sie haben bereits gehört, daß die Triebkraft in der menschlichen Psyche durch die hervorgerufenen Spannungen repräsentiert wird und daß die Aktionen, die eine Wunscherfüllung ermöglichen sollen, zur Verringerung der Spannungen führen. Wenn Sie diese Vorstellung des Lust-Unlust-Prinzips auf die Theorie der Lebens- und Todestriebe beziehen, dann erhalten Sie eine Gruppe von Kräften, die bestrebt sind, Spannung aufzubauen, während die Kräfte der anderen Gruppe eine so vollständige Minderung der Spannung herbeizuführen versuchen, daß überhaupt kein Leben mehr vorhanden wäre. Das ist eine schwierige Konzeption, und möglicherweise erleichtert es Sie zu hören, daß diese Konzeption Sie als Psychologen im Grunde nicht betrifft. Es ist eine biologische Spekulation.*

Die meisten Psychologen, die sich mit der Wechselwirkung der Kräfte im menschlichen Seelenleben beschäftigen, haben sich irgendeine Theorie über die Triebe erarbeitet, die ihr zugrunde liegen; eigentlich aber sind Triebtheorien Sache der Biologie, die Aktivität der Triebe ist biologischer Natur, und in der Psychologie sind sie für uns nur insoweit von Belang, als die Triebaktivität beständige Ansprüche an die Psyche stellt und das Individuum zu bestimmten Aktionen drängt. Was uns als Psychologen beschäftigt, ist die psychische Repräsentanz des Trieblebens. Zu diesem Zweck sind die Spekulationen

---

* Das Konzept des Todestriebs ist nach wie vor spekulativ und wird von vielen – vielleicht den meisten – Psychoanalytikern nicht anerkannt. Auf der anderen Seite mißt man der Rolle, die die Aggression im menschlichen Verhalten und in der Entwicklung spielt, eine wachsende Bedeutung bei. Sie wird in dieser Vorlesung später noch erläutert.

über die Bedeutung dieser Triebkräfte, die Versuche zu verstehen, auf welche Weise sie einander zugeordnet sind und wie man sie bezeichnen sollte, für uns weniger relevant.

Ich habe den Eindruck, daß in der Psychologie große Verwirrung gestiftet wurde, indem man biologische Spekulation mit psychologischer Beobachtung verwechselte. Die Frage, die uns eigentlich beschäftigen sollte, lautet: Was bekommen wir als Beobachter von dieser innerpsychischen Wechselwirkung der Kräfte tatsächlich zu sehen? Wie können wir die Aktivität eines Triebs unter psychologischem statt unter biologischem Blickwinkel definieren? Nun, die Beobachtung zeigt uns meiner Ansicht nach, daß von seiten des Triebs ein beständiger Druck auf die menschliche Psyche ausgeübt wird, daß eine der wichtigsten psychischen Funktionen darin besteht, mit diesem Druck fertig zu werden, und daß das, worüber wir hier reden, genau die Methoden sind, über die das Individuum verfügt, um mit dem auf seiner Psyche lastenden Druck fertig zu werden.

An dieser Stelle könnte es, nebenbei bemerkt, interessant sein, sich daran zu erinnern, daß der Wunsch nach einem Seelenleben, das von dem Druck der Triebe frei ist, also keinen körperlichen Zwängen unterliegt, eines jener menschlichen Ideale darstellt, die nicht zu realisieren sind. Viele Praktiken, z. B. das Yoga, versuchen, den Geist so weit wie möglich von körperlichen Bedürfnissen, von Triebbedürfnissen, zu befreien, weil der Geist diesen Vorstellungen zufolge dann durch nichts mehr daran gehindert wird, die unglaublichsten Dinge zu vollbringen. Nur vergessen wir, wenn uns ein solcher Idealzustand vorschwebt, daß die Energie, auch wenn der Geist sich ihrer vorübergehend entledigt hätte, von den Trieben doch wieder in ihn zurückgeleitet werden würde.

Ich behandele gerade einen jungen Patienten, einen Studenten; er ist ein sehr intelligenter und zugleich sehr kranker Mensch, dessen größtes pathologisches Problem in dem Wunsch besteht, zu funktionieren, ohne irgendwelche körperlichen Empfindungen wahrzunehmen. Aber natürlich rächt sein Körper sich an ihm, und immer dann, wenn sein Geist ordentlich zu funktionieren beginnt, wird er durch irgendein Bedürfnis daran erinnert, daß er einen Körper hat, durch Hunger, durch sein sexuelles Verlangen, durch ein Bedürfnis, seine Blase oder seinen Darm zu entleeren, selbst durch sein Bedürfnis zu atmen. Das bedeutet, daß es völlig hoffnungslos ist, sich einen Geist vorzustellen, der nicht an einen Körper gebunden wäre. Natürlich wäre ein solcher Geist, wenn er existieren könnte, frei von Triebansprüchen.

Was also wissen wir über die Triebe? Was zeigen uns die psychologischen Beobachtungen? Nun, wir sehen, daß jeder Trieb eine Quelle hat, und diese Quelle ist der Körper. Als Unterscheidungskriterium für die verschiedenen Stufen der Sexualentwicklung, die ich Ihnen beim letzten Mal geschildert habe, diente der Teil des Körpers, der die Quelle der charakteristischen Sensationen darstellt: der Mund, der Anus, die Genitalien, die gesamte Körperoberfläche; und die Haut vermittelt eine gewisse Anzahl solcher Sensationen – dies nennen wir Hauterotik.

Wir sprechen, wie gesagt, über das Es. Jeder Trieb hat nicht nur eine Quelle, sondern auch ein Ziel. Das Ziel ist immer dasselbe: die Reduzierung der Spannung durch eine Aktion, welche die Triebansprüche zu befriedigen vermag – d. h. durch Herbeiführung der Befriedigung. Und darüber hinaus hat jeder Trieb ein Objekt. Weil das Ziel die Durchführung einer bestimmten Aktion ist, stellt die Person, an der diese Aktion vorgenommen wird, das Objekt des Triebs dar.[*] Für das kleine Kind z. B. ist die Mutter das Objekt, während das lustvolle Wohlbehagen, das es erlebt, wenn sie es stillt, an die Brust legt, es streichelt und berührt, das Ziel darstellt. Das klingt sehr systematisch und erscheint Ihnen vielleicht völlig überflüssig, aber es wird uns später dabei helfen, das »Triebhafte« in genau diesem Sinne zu verstehen, d. h. zu verstehen, daß es einen Ursprung hat, etwas will und darauf angewiesen ist, daß etwas oder jemand ihm hilft, das Gewünschte zu bekommen.

Wenn wir aber nun diesen, wie man sagen könnte, Kampf zwischen Körper und Psyche, zwischen Ich und Es, betrachten, so stellen wir fest, daß dem Ich bei seiner schwierigen Aufgabe, den durch den Trieb ausgeübten Drang zu mindern, ein wichtiger Umstand zur Seite steht – die Tatsache nämlich, daß die Triebe in höchstem Maße modifizierbar sind. Sie sind nicht unerbittlich, auch wenn der von ihnen ausgeübte Drang, sobald sie etwas Bestimmtes wollen, unerbittlich ist – der Drang ist eine Kraft, mit der wir fertig zu werden haben, die wir nicht einfach abschütteln können. Aber die Triebe sind z. B. bereit – wenn wir sie der Einfachheit halber einmal personifizieren –, Ersatzgratifikationen zu akzeptieren, wenn sie die volle Gratifikation nicht erlangen können.

---

[*] Hier betrachtet Anna Freud die Objektbeziehungen in erster Linie unter dem Triebaspekt. Es ist notwendig, darauf hinzuweisen, daß man, seit diese Vorlesungen gehalten wurden, den nicht-triebhaften Faktoren in Objektbeziehungen zunehmend Aufmerksamkeit widmet, insbesondere in bezug auf die Bindung des Kindes an Objekte. Der ganze Bereich der Interrelation zwischen dem Kind und den Menschen, die ihm nahestehen, ist außerordentlich komplex und kann nicht allein auf die libidinöse Besetzung reduziert werden. Nichtsdestoweniger betont Anna Freud eine äußerst wichtige Perspektive.

Zum Beispiel wird ein Kind, das gegenüber Vater oder Mutter einen primitiven sexuellen Wunsch hegt, eine reduzierte Befriedigung akzeptieren – Zärtlichkeit statt sexueller Befriedigung. Wir bezeichnen dies als »Zielhemmung«, aber eigentlich wird das Ziel eher heruntergeschraubt. Es ist ungefähr so, als ob jemand ein sehr hohes Gehalt haben möchte, sich aber auch mit weniger zufriedengibt, wenn er es nicht bekommt. Die Triebe sind, zumindest unter bestimmten Umständen, dazu bereit.

Über die Triebe ist noch mehr zu sagen. Wenn das ursprüngliche Objekt – also die Person, an der ein Trieb seine Befriedigung finden möchte – nicht verfügbar ist, kann ein anderes Objekt seine Stelle einnehmen. Sie können sich dies als eine Art Wechsel, als Ersetzung des einen Objekts durch ein anderes vorstellen. Auch in diesem Fall ist der Lustgewinn unter Umständen geringer, wird aber als eine reduzierte Befriedigung akzeptiert.

Und sogar das Ziel kann sich verändern. Wenn es dem Kind, um ein Beispiel zu nennen, verwehrt ist, seine eigenen Exkremente lustvoll zu genießen, wird es bereitwillig nach weniger verbotenen schmutzigen Dingen suchen und an ihnen fast das gleiche Vergnügen finden. Dies ist eine Verschiebung des Ziels. Es gibt unterschiedliche Arten der Verschiebung, über die wir später noch sprechen werden. Darüber hinaus können die Triebe sich zusammenschließen, miteinander verschmelzen und sich wieder trennen. Sie können auf die Außenwelt oder auf das Individuum selbst gerichtet sein; und sie können sich unter bestimmten Umständen in ihr Gegenteil verwandeln. Diese Eigenschaft des Triebs, Modifikationen zuzulassen, eröffnet den Weg zum Aufbau der Persönlichkeit und zu den Charakterformen, über die wir in den späteren Vorlesungen mehr hören werden. Ohne die Modifizierbarkeit der Triebe könnten all diese anderen Dinge nicht geschehen. Deshalb wäre es mir lieb, wenn Sie sich merken, daß die Triebe in höchstem Maß fordernd, andererseits aber auch verhandlungsbereit sind. Und die Fähigkeit des Ichs, mit den Triebansprüchen fertig zu werden, beruht auf diesen Eigenschaften der Triebe.

Dies ist, glaube ich, für den Augenblick das Wesentliche. Es gibt einen Trieb – er repräsentiert in unserer Theorie der Lebens- und Todestriebe die zweite Kraft –, von dem ich Ihnen noch kein Bild vermittelt habe, und das ist die Aggression. In der heutigen psychoanalytischen Theorie repräsentiert der Sexualtrieb Kräfte, die auf der einen Seite aktiv sind, und die Aggression Kräfte, die auf der anderen Seite wirken. Beide gelten in unserer Theorie mehr oder weniger gleichwertig als Triebe. Die Erforschung der Aggression ist in der Psychoanalyse gewiß nicht neu, sie hat nicht erst die Entwicklung dieser Theorien abgewartet.

Die Aggression hat in den psychoanalytischen Entdeckungen immer eine große Rolle gespielt, aber man glaubte zunächst, daß sie an das primitive Sexualleben des Kindes gebunden sei. Das primitive kindliche Sexualleben ist sehr aggressiv, weil nämlich, wie wir heute wissen, der aggressive Trieb sich gleichzeitig mit dem Sexualtrieb entwickelt und beide in den verschiedenartigen Lebensäußerungen, denen wir begegnen, unauflöslich miteinander vermengt sind – sie bilden eine Mischung.

Normalerweise läßt sich keine Handlung des Kindes beobachten, die rein sexueller Natur wäre, ohne Beimischung aggressiver Elemente. Ihnen wird aber auch (außer in höchst abnormalen Fällen) keine Handlung begegnen, die rein aggressiv ist und keinerlei sexuelle Elemente aufweist. Dies läßt sich auf jeder Stufe der infantilen Triebentwicklung beobachten, und zwar wiederum im Vergleich zu abnormalen Fällen – jenen Fällen nämlich, in denen entweder der Sexualtrieb oder der Aggressionstrieb aus der jeweiligen Situation eliminiert wurde, z. B. durch massive Verdrängung. Irgend etwas hat dazu geführt, daß die Aktivität des einen Triebs im Kind gehemmt wurde, so daß nur die andere Seite der Triebaktivität zutage tritt. Welche Beispiele ließen sich dafür nennen?

Stellen wir uns ein Kind vor, das gerade ißt. Einerseits befriedigt es ein körperliches Bedürfnis, andererseits befriedigt es den Drang des oralen Triebs, indem es seinem Körper mit Hilfe des Mundes etwas einverleibt und sich auf diese Weise oralen Lustgewinn verschafft. In diesem einfachen Prozeß des Lustgewinns durch Nahrung werden beide Triebe befriedigt – der eine durch die erzielte Lust und die Einverleibung der Nahrung, der andere, indem zum eigenen Wohl eine der äußeren Welt entstammende Substanz in Besitz genommen und zerstört wird. Es gibt jedoch Kinder, die in ihrer Nahrungsaufnahme schon recht früh im Leben gravierend gehemmt sind, weil die Tatsache, daß das, was sie essen, dann zerstört ist, sie extrem erschreckt: Sie zerstören, indem sie essen.

Wenn Sie die Aktivitäten der Menschen beobachten, werden Sie feststellen, daß eine sexuelle Aktivität ohne eine aggressive Beimischung niemals ihr Ziel erreichen würde. Lustempfindungen sind nicht möglich, wenn man den Partner nicht besitzt, ihn nicht vielleicht in gewissem Maß auch den eigenen Wünschen unterwirft – und das ist eine aggressive Regung. Alle sexuellen Strebungen, in welcher Form sie auf den verschiedenen Entwicklungsstufen auch in Erscheinung treten (ob es sich beispielsweise um den Wunsch zu schauen oder um den Wunsch, sich zu zeigen, handelt), benötigen immer auch ein gewisses Maß an aktiver Aggression, um ihrem Ziel zugeführt werden zu können.

Betrachten wir andererseits die aggressiven Aktionen des Kindes, die all seine Aktivitäten umfassen, seine Versuche, die Außenwelt bis zu einem bestimmten Grad nach seinen Wünschen zu formen, sie in Besitz zu nehmen, Entdeckungen zu machen, sich mitzuteilen: All diese Aktivitäten, die normal sind, solange sie mit dem sexuellen Ziel verschmolzen sind, verwandeln sich in pure Destruktivität, wenn das sexuelle Element, aus welchem Grund auch immer, fehlt. In den vergangenen Jahren hatten wir z. B. Gelegenheit, Kinder zu beobachten, die ohne eigenes Verschulden, aufgrund eines Schicksals, das sie ihrer Liebesobjekte in der Außenwelt beraubte, nicht in der Lage waren, die libidinöse Seite ihrer Natur zu entwickeln, so daß ihre Aggression sich ohne jede Beimischung sexueller Elemente entfaltete. Und diese Aggression tritt in jenen Kindern als reine Destruktivität zutage. Sie zerstören alles, was sie um sich herum finden, sie schädigen sich selbst, sie verletzen andere Menschen, sie kennen keine andere Lust als die Zerstörungslust. Man kann die Aggressionskraft dieser Kinder nur mindern, indem man die Entwicklung ihrer anderen Seite, ihrer libidinösen Seite, anzuregen versucht. Dann findet die normale Vermischung zwischen den beiden Triebkräften statt, die ein normales Verhalten des Kindes zur Folge haben wird.

Wenn die Aggression normal ist, also in all den möglichen Mischungen mit der libidinösen Seite zutage tritt, verhält sie sich ebenso wie der Sexualtrieb, d. h., sie kann in vielerlei Weise umgewandelt werden. Tatsächlich erwirbt der Mensch seine wertvollsten Charaktereigenschaften durch Umwandlung des Aggressionstriebs (auch davon werden wir später noch hören), aber dies ist nur dann möglich, wenn der Aggressionstrieb sich in seiner normalen Form – also vermischt mit dem anderen Trieb und nicht, wie man sagen könnte, in Reinkultur – manifestiert.

Sie können sich vorstellen, daß es viele Fälle gibt, in denen zwei innerpsychische Kräfte, die einander so diametral entgegenstehen –

Sexualität und Aggression –, aufeinanderprallen. Sie gehen nicht immer jene friedliche Verbindung ein, die den normalen Formen menschlichen Verhaltens zugrunde liegt. Sie prallen zum Beispiel aufeinander, wenn sich Sexualität und Aggression in Form von Liebe und Haß auf ein und dieselbe Person richten – beispielsweise auf die Mutter, den Vater und auf die Geschwister. In gleichem Maß, in dem das Kind einen bestimmten Menschen liebt, will es sich dieses Objekt natürlich auch bewahren und erhalten. In dem Maße, in dem es einen bestimmten Menschen haßt, will es ihn loswerden. Unserer Vorstellung von der Struktur der menschlichen Psyche zufolge (denken Sie an das, was wir über Vereinheitlichung und Synthese innerhalb des Es und des Ichs gelernt haben: Im Es gibt es keine Synthese, aber es gibt Integration im Ich) führt dies erst dann zu einem Konflikt in unserem Sinne, wenn das Kind ein Ich entwickelt hat. Diese einander widerstrebenden Antriebe führen in dem noch unreifen Kind eine friedliche Koexistenz. Sobald sich aber ein Ich gebildet hat und die Repräsentanzen dieser beiden Triebe ins Bewußtsein gelangen und aufeinandertreffen, ist das Kind dem Druck gravierender Konflikte ausgesetzt, die es auf diese oder jene Weise lösen muß; und sie werden nicht immer auf vorteilhafte Weise gelöst.

In der Literatur werden Ihnen andere Theorien begegnen, die davon ausgehen, daß jener Konflikt zwischen den Lebens- und Todestrieben, zwischen Liebe und Haß, Sexualität und Aggression – wie immer man ihn bezeichnen will – unabhängig von der Ich-Bildung von Beginn des Lebens an vorhanden ist.* Aber dies ist eine etwas andere psychologische Theorie, welche die Ich-Bildung nicht als Voraussetzung für die Wahrnehmung von Angst betrachtet. Wir werden später mehr darüber erfahren, wenn wir die Angst näher kennenlernen.

In dieser und in der letzten Vorlesung habe ich versucht, Ihnen ein Bild vom Inhalt des Es zu vermitteln. Gleichgültig, mit welcher psychoanalytischen Theorie wir arbeiten, wird der Inhalt des Es durch zwei entscheidende Kräfte repräsentiert, durch die Interaktion dieser Kräfte miteinander und gegeneinander. Ich frage mich, ob Ihnen aufgefallen ist, daß ich den gesamten Prozeß bislang mehr oder weniger so dargestellt habe, als spiele er sich nur in dem Kind ab, und ich habe mit einer ganzen Flut diesbezüglicher Fragen gerechnet – Fragen wie: Was ist mit der Umwelt? In welche Richtung wirken diese Kräfte? Wie sind

* Anna Freud bezieht sich hier auf die Theorien Melanie Kleins.

ihre Objekte beschaffen, welche Ziele haben sie in der Außenwelt? Oder, um es in der Terminologie auszudrücken, die wir hier gelernt haben, wo ist die Objektwelt, auf die jene im Es vorhandenen Kräfte sich richten? Nun, als nächstes werden wir uns damit beschäftigen, wie das Kind sein Bild von dieser Objektwelt entwickelt.

Fünfte Vorlesung
Stufen der Entwicklung

Wieder möchte ich mit den Fragen beginnen, die ich erhalten habe, weil sie uns immer zeigen, welche Punkte wir nicht intensiv genug behandelt haben. Die meisten Fragen sind in interessanter Hinsicht sehr aufschlußreich.

Sie machen deutlich, an welchen Stellen man eigentlich innehalten und einen gesonderten Kurs veranstalten müßte, wenn es sich hier nicht um eine Vortragsreihe handelte, die teilweise als Einführung und teilweise als Bestandsaufnahme und Zusammenfassung des Themas dient. Sie verweisen auf all die Kapitel, die vom Hauptgedankengang wegführen und mit denen wir uns aus Zeitmangel nicht beschäftigen können. Diejenigen unter Ihnen aber, die sich eingehend über die Psychoanalyse informieren wollen, werden auf viele Stellen stoßen, an denen man innehalten und lange Zeit verweilen kann, indem man die Literatur zu Rate zieht und die Bücher liest, die sich ausführlich mit dem Thema auseinandersetzen.

Eine der Fragen war wirklich in hohem Maße gerechtfertigt. Der Fragesteller meint, daß ich den Entwicklungsstufen des Sexualtriebs eine so große Aufmerksamkeit gewidmet, die Entwicklungsstufen des Aggressionstriebs aber nur kurz gestreift hätte (wenn ich sie überhaupt angesprochen habe). Was wissen wir über sie? Sind sie, was ihre Intensität, charakteristische Ausprägung und Abfolge betrifft, mit den Entwicklungsstufen der Sexualität vergleichbar?

Nun, eine Antwort darauf könnte folgendermaßen lauten: Nachdem man die Entwicklung des Sexualtriebs erforscht hatte, verging eine lange Zeit – es waren vielleicht 30 Jahre –, bis man die Entwicklung der Aggression intensiv zu erforschen begann, und unser Wissen hat noch nicht das gleiche Niveau erreicht. Das bedeutet, daß wir über die Entwicklungsstufen der Aggression sehr viel weniger wissen, oder genauer gesagt: Wir neigen sehr stark zu der Annahme, daß sie mit den Stufen der sexuellen Entwicklung in enger Verbindung stehen. Auf jeder Stufe der infantilen Sexualentwicklung tritt der Aggressionstrieb in anderer Form zutage, immer aber ist er eng mit den sexuellen Strebungen verbunden. Wir wissen nicht, ob er sich an ihnen orientiert, ob die jeweils erreichte Stufe der Sexualität die Form beeinflußt, in der die aggressiven Strebungen sich äußern, oder ob das Gegenteil der Fall ist, also deutlich voneinander abgegrenzte Stufen der Aggression den spezifischen Charakter der sexuellen Entwicklungsstufen prägen. Wahrscheinlich geschieht beides, weil (wie ich Ihnen beim letzten Mal zu zeigen versucht habe) die zwei Triebe sehr eng miteinander verbunden sind und wir in allem, was das Kind tut – ob es sich nun um eine Äußerung in der oralen Phase oder in der analen Phase oder in der phallischen Phase handelt –, die Verbindung von Aggression und Sexualität beobachten können. Wir erkennen sie z.B. in dem Sadismus des Kindes, der zum Teil – besonders in der analen Phase – Ausdruck des Aggressionstriebs ist, vor allem aber ein Ventil für die Aggression darstellt. Diese Frage muß also noch eingehender erforscht werden.

Dann gab es eine Beschwerde. Als ich über das Objekt und das Ziel eines Triebes sprach, sind die beiden, wie der Fragesteller meint, ein wenig durcheinandergeraten. Worin genau besteht der Unterschied zwischen einem Objekt und einem Ziel, und sind beide nicht eigentlich dasselbe? Nun, das ist lediglich eine Frage der Terminologie, deshalb will ich noch einmal wiederholen, was ich vielleicht nicht deutlich genug ausgedrückt habe. Wir bezeichnen als Ziel eines Triebes die spezifische Aktivität, die der Befriedigung des Triebs dient, und wir bezeichnen als Objekt eines Triebes die spezifische Person – die zumeist, aber nicht immer, wie wir später noch hören werden, der Außenwelt angehört –, an der diese spezifische Aktivität durchgeführt wird. Das also sind Objekt und Trieb oder, genauer gesagt, das sind die Begriffe, die wir der Einfachheit halber benutzen. Natürlich steht es Ihnen frei zu sagen, daß eine spezifische Aktivität das Objekt und die andere die Person ist, aber ich habe dargestellt, wie wir die Begriffe in der Psychoanalyse benutzen.

Ein anderer Fragesteller will wissen, weshalb der Konflikt im Innern der menschlichen Persönlichkeit erst nach der Bildung eines Ichs möglich sein sollte. Besteht ein Konflikt – nämlich ein Konflikt zwischen den Trieben – nicht auch schon vorher, wenn das Ich noch nicht errichtet worden ist? Ist es nicht vielmehr so, daß der Konflikt vor dieser Zeit nur nicht wahrgenommen werden kann? Nun, das ist natürlich vollkommen richtig. Wenn Sie mit dem Wort »Konflikt« die Koexistenz von Trieben bezeichnen, die in unserem Innern nicht miteinander zu vereinbaren sind, dann besteht ein Konflikt von Anfang an. Wenn Sie den Begriff aber für einen ganz bestimmten psychischen Zustand benutzen, den das Individuum empfindet – nämlich das Gefühl, in irgendeiner Angelegenheit »innerlich gespalten« zu sein –, dann setzt der Konflikt ein Ich voraus, in dem diese nicht miteinander zu vereinbarenden Strebungen aufeinandertreffen. Das bedeutet, daß Sie erst dann von Konflikt sprechen können, wenn die Persönlichkeit integriert ist, wenn sich organisierte Prozesse entwickelt haben.

Eine weitere Frage bezieht sich auf Kinder, die in sehr frühem Alter von ihren Familien getrennt werden, so wie jene Kinder, die ich in einigen meiner Publikationen beschrieben habe. Durchlaufen diese Kinder die gleichen Phasen der sexuellen Entwicklung, oder werden diese Entwicklungsphasen von den realen Erfahrungen, die das Kind in seiner Umwelt macht, beeinflußt? Nun, das ist einer der Punkte, an denen man innehalten muß, um entweder ein Buch über dieses Thema zu schreiben oder eins darüber zu lesen. Denn es trifft beides zu. Nachdem wir diese Entwicklungsphasen an einer großen Zahl von Kindern erforscht haben, sind wir einerseits der Ansicht, daß sie zu gewissem Grad von äußeren Einflüssen unabhängig sind, daß das Kind in irgendeiner Form für sie prädestiniert ist, sie zu gewissem Grad angeboren sind, einen Reifungsprozeß darstellen. Andererseits aber ist es vollkommen richtig, daß die Aufeinanderfolge dieser Stufen, ihre zeitliche Dauer und die Rolle, die sie später im Leben spielen, etwas mit Umwelteinflüssen zu tun haben, d. h. daß auf jeder dieser Stufen eine innerliche Bereitschaft des Kindes und äußere Einflüsse zusammentreffen.

Eine weitere Frage schließlich betrifft die Probleme der Adoleszenz. Auch hier sollte man natürlich innehalten, um sich eingehender über die Adoleszenz zu informieren, weil das, was ich in nur einem Satz zu sagen versucht habe – daß in der Adoleszenz oder zumindest in ihrer Vorbereitungszeit, der Prä-Adoleszenz, die Probleme der frühen Kindheit wiederkehren –, nicht mehr als die Überschrift für ein Kapitel darstellt, das sehr interessante Fakten umfaßt. Unser Fragesteller möchte wissen, ob das Ich, wenn diese infantilen sexuellen und aggressiven Probleme in der Adoleszenz wiederkehren, ihnen gegenüber erneut auf die Rolle reduziert wird, die es in der frühen Kindheit gespielt hatte, als die Außenwelt in hohem Maß eingreifen und die Kontrollfunktionen erfüllen mußte, die eigentlich das Ich selbst übernehmen sollte. Und das ist ein klares Mißverständnis des Sachverhalts. Es ist meine Schuld, denn ich habe nicht deutlich gemacht, daß eine der wesentlichen Ursachen für das Leiden während der Adoleszenz in der Tatsache besteht, daß dieses primitive infantile Triebleben zu einer Zeit wiederkehrt, in der es bereits ein Ich und, wie wir später noch hören werden, ein Über-Ich gibt. Und diese beiden – Ich und Über-Ich – behalten ihre charakteristischen Eigenschaften in der Adoleszenzphase bei, so daß das Ich des Adoleszenten, im Gegensatz zum Ich des kleinen Kindes, diesen Triebstrebungen gegenüber ganz und gar nicht tolerant ist. Das bedeutet, daß der Heranwachsende unter dem Wiederaufleben der infantilen Triebwelt leidet, während das kleine Kind selbst nicht leidet; in der Kindheit sind es die Eltern, die leiden. (Natürlich haben auch die Eltern des Heranwachsenden zu leiden – wir sollten sagen, daß beide es schwer haben.) Der Heranwachsende steht erstens in Konflikt mit sich selbst und zweitens in Konflikt mit der Umwelt.

Ich möchte heute gerne noch einmal die Entwicklungsstufen, die ich Ihnen neulich beschrieben habe, betrachten, allerdings unter einem anderen Blickwinkel – nämlich im Hinblick auf die Frage, wie die innerlichen Kräfte des Kindes, mit denen wir uns auseinanderzusetzen haben, tatsächlich beschaffen sind. Dieses Thema gibt erneut zu der Frage Anlaß, vor welcher Aufgabe die Eltern in diesem Zusammenhang stehen. Ist es eine einfache oder eine schwierige Aufgabe? Ist das Sexualleben des Kindes etwas, das die Eltern formen, lenken, beeinflussen können, das sich durch äußere Einflüsse ohne weiteres unterdrücken läßt? Wiederum muß die Antwort ja und nein lauten. Es ist beeinflußbar, verletzbar, modifizierbar, tilgen aber läßt es sich aus dem Leben des Kindes nicht. Die Eltern können es, egal was sie tun, nicht beseitigen.

Wenn ich einer Mutter erklären will, welch enorme Kraft der Trieb im Kind darstellt, finde ich es zuweilen nützlich, ihre Aufmerksamkeit auf ein einziges Detail zu lenken, in der dieses Triebleben des Kindes zum Ausdruck kommt. Das könnte beispielsweise das Daumenlutschen sein. Auch andere Aktivitäten, die das Kind an seinem eigenen Körper vornimmt, z. B. die Masturbation in der phallischen Phase, kämen in Frage. Zu irgendeinem anderen Zeitpunkt könnte es sich um ein bestimmtes Hobby des Kindes handeln, irgendein Interesse, in dem sich die sexuelle Neugierde des Kindes äußert. Hinter jeder dieser einzelnen Aktivitäten steht die ganze Kraft des kindlichen Sexualtriebs. Denken Sie an einen Daumenlutscher oder auch einen Nägelkauer – nichts in der Welt wird ihn von seinem Tun abhalten. Die Eltern können Gewalt anwenden, sie können es mit Liebe versuchen, sie können bitten und betteln, und sie können Drohungen einsetzen, aber das Kind kann es nicht lassen. Jede einzelne dieser Aktivitäten ist, soweit sie von jener Triebkraft genährt wird, in gewisser Weise von unbeugsamer Stärke.

Worin aber besteht diese Stärke, die wir hier beobachten, wie ist diese Kraft beschaffen? Wir können sie als die Energie betrachten, die den sexuellen Strebungen zugrunde liegt, und wie Sie wissen, hat die Psychoanalyse für sie einen speziellen Ausdruck – wir bezeichnen sie als »Libido« oder als die »libidinöse Energie« des Kindes, womit nichts anderes gemeint ist als die Energie, die den sexuellen Aktivitäten des Kindes innewohnt. In der gleichen Weise sprechen wir von der Energie, die den aggressiven Strebungen des Kindes zugrunde liegt, ohne dafür einen speziellen Ausdruck zu benutzen. Wir sprechen nur von einer »aggressiven Energie«. Wenn wir uns die Chance, die Energie des Kindes zu lenken und zu beeinflussen, bewahren wollen, müssen wir das Fließen dieser Energie zu beobachten versuchen. Eltern müssen sich dabei vor zwei Fehlern hüten: vor dem Fehler, den Aggressionstrieb zu unterschätzen – in diesem Fall freilich wird das Kind sie schon bald eines Besseren belehren; aber wir müssen uns auch davor hüten, ihn zu hoch zu bewerten, indem wir sagen: »Wenn dieser bestimmte Wunsch im Kind nun einmal so stark ist, dann kann man nichts daran machen, das Kind soll seinen Willen haben. Ich will mein Kind nicht verletzen, indem ich mich seinen sexuellen oder seinen aggressiven Wünschen widersetze.«

Einer solchen Haltung begegnet man, wie Sie wissen, heutzutage bei sehr vielen Eltern. Es ist die sogenannte permissive Haltung. Aber die Eltern, die sich diesen Standpunkt zu eigen machen, lehnen es nicht nur ab, den Triebstrebungen des Kindes Grenzen zu setzen, sondern geben zugleich auch jede Hoffnung auf, dem Kind bei ihrer Umwandlung helfen zu können. Das Kind muß die Triebe im Laufe der Zeit umformen, weil sie in ihrer Mehrzahl im erwachsenen Sexualleben oder, was die Aggression betrifft, in der Gemeinschaft der Erwachsenen keinen Platz haben. Die eingehende Beobachtung des Schicksals dieser Triebenergie, insbesondere des Schicksals der Libido, ist daher unsere einzige zuverlässige Richtschnur in dieser komplizierten Angelegenheit. Damit schildere ich Ihnen wiederum Erkenntnisse, die nicht aus der unmittelbaren Beobachtung von Kindern hervorgegangen sind. Ein Großteil dieser Einsichten (aber nicht alle) wurde durch unmittelbare Beobachtung bestätigt, vieles aber hat man bei Erwachsenen, normalen wie auch abnormalen, entdeckt. Das liegt daran, daß das Schicksal der Triebenergie nicht nur die Charakterbildung determiniert, also die Entwicklung des Kindes im Laufe der ersten Lebensjahre, sondern auch die Normalität, die Abnormität, das Glück, das Unglück – des erwachsenen Menschen.

Wie also sieht die ganze Sache unserer Vorstellung nach zu Anfang aus? Vielleicht sollte ich zuerst ein Wort zu den Quantitäten sagen, mit denen wir uns beschäftigen müssen. In der Psychoanalyse sprechen wir ständig von Quantitäten – Quantität der Libido, Quantität der aggressiven Energie usw. Wir sagen, daß diese Energie dahin oder dorthin ausgeschickt wird, daß ein Objekt mit ihr »besetzt« wird, wofür es in der analytischen Terminologie ein griechisches Wort gibt, das Wort »Kathexis«, was, wenn Sie es mit der Elektrizität vergleichen, nichts anderes bedeutet, als daß ein bestimmter Anteil jener Energie auf eine bestimmte Person oder ein materielles Objekt ausgeschickt wird. Ich habe diesen Begriff nie gemocht, aber den Übersetzern ist kein besserer eingefallen.* Wir sprechen also von Quantitäten, aber wir können diese Quantitäten in unserer speziellen Wissenschaft nicht messen. Wir können sie nur miteinander vergleichen. So vergleichen wir beispielsweise die Quantität der Libido mit der Stärke der aggressiven Strebungen; oder wir vergleichen die Stärke der Libido mit der Kraft, die dem Ich zur Verfügung steht. Aber wir sprechen über sie nicht in mathematischem, sondern eher in allegorischem Sinn, indem wir zwei miteinander streitende Kräfte gegeneinander abwägen. Und diese inneren Konflikte der Persönlichkeit werden sehr häufig nicht von der Qualität der miteinander kämpfenden Strebungen entschieden, sondern von ihren jeweiligen Quantitäten.

Nun ist es Zeit, konkreter zu werden. Wenn wir uns vorstellen, daß ein Kind mit einem angeborenen Sexualtrieb zur Welt kommt und von Anfang an durch diesen Trieb zu Aktionen gedrängt wird, erkennen wir – wiederum anhand der aus späteren Jahren gewonnenen Erfahrung –, daß das Kind zwei Möglichkeiten hat, diese libidinöse Energie zu verwenden: Es kann sie an sich selbst verwenden oder an Personen in der Außenwelt. In der Alltagssprache würden wir sagen, daß das Kind sich selbst oder eine Person in der Außenwelt lieben kann, und die Person oder das Selbst, je nachdem, wer auf diese Weise mit libidinöser Energie besetzt wird, ist das Liebesobjekt des Kindes. Wir sehen also,

---

* Der ursprüngliche deutsche Ausdruck ist *Besetzung*, und »cathexis« ist in der Tat eine unglückliche Übersetzung. Vielleicht wäre »investment« (die englische Entsprechung zu »Besetzung«) angemessener gewesen.

daß es von Anfang an zwei Möglichkeiten gibt: Die Libido kann in die Umwelt ausgeschickt oder im Körper des Kindes selbst gebunden werden und, sobald das Ich und Über-Ich wachsen und erstarken, auf das Ich und Über-Ich gerichtet werden. Somit gibt es von Anfang an zwei Möglichkeiten: die Selbstliebe und die Liebe zu anderen Menschen. Die Selbstliebe möchte ich mit einem anderen Begriff bezeichnen, der Ihnen möglicherweise schon geläufig ist – nämlich mit dem Begriff »Narzißmus«. Wir können nun zwischen narzißtischer Libido und Objektlibido unterscheiden. Wir können sagen, daß das Leben des Kindes letztlich von dem Verhältnis bestimmt wird, in dem sein Narzißmus und seine Liebe für die Umwelt zueinander stehen.

In welcher Form können wir all dies bei Säuglingen tatsächlich wahrnehmen? Sie erinnern sich an meine Bemerkung, daß der Kontakt des Säuglings zu seiner Umwelt sich auf der Basis seiner körperlichen Bedürfnisse entwickelt. Er ist hungrig und möchte gefüttert werden, und wenn er gefüttert wird, erlebt er eine Befriedigung. Diese ersten Befriedigungserlebnisse weisen den Weg, geben die Richtung vor, in die er seine Libido ausschicken wird. Das klingt kompliziert, ist aber furchtbar einfach. Wenn wir es in Worten ausdrücken wollten, würden wir sagen, das Kind habe das Gefühl: »Das ist schön, es gefällt mir.« Unmittelbar nach der befriedigenden Erfahrung wird die Libido in die Umwelt ausgeschickt und auf das Objekt oder die Person gelenkt, die jene Befriedigung vermittelt hat. Die Befriedigung also weist den Weg für die libidinöse Bindung.

Aber das Kind findet in der Außenwelt nicht immer Befriedigung. Die gleiche Flasche, die ihm zu einem bestimmten Zeitpunkt Milch spendet, kann zu einem anderen Zeitpunkt leer sein, vielleicht unmittelbar anschließend, noch bevor der Hunger des Kindes wirklich gestillt ist. Folglich ist es keine schöne Flasche mehr, es ist entweder eine gleichgültige oder eine unfreundliche Flasche. Nicht anders verhält es sich mit der Mutter, die das Kind gerade gestreichelt hat und dann aus dem Zimmer geht oder sich von ihm abwendet. Für das Kind ist sie nun, was die Befriedigung betrifft, keine gute Mutter mehr. Es ist anscheinend sehr wichtig, daß das Kind in den Augenblicken, in denen die Befriedigung ausbleibt und das Objekt in der Umwelt nicht gut ist, die Libido zurückzieht, die es ausgeschickt hatte, und sie erneut für die eigene Person verwendet, um sie gleich wieder in die Objektwelt auszuschicken, wenn ihm Befriedigung zuteil wird und die Umwelt ihm freundlich begegnet. Das bedeutet, daß ein kontinuierlicher Umwandlungsprozeß stattfindet: Narzißtische Libido/Selbstliebe verwandelt sich in Objektlibido/Liebe zu anderen, die Objektliebe verwandelt sich wieder in die Liebe zum Selbst usw. Dies geschieht im ersten Abschnitt des ersten Lebensjahres des Kindes fortwährend (zumindest stellen wir es uns, auf der Grundlage von späteren Erfahrungen, so vor). Ich möchte Ihnen dies an einem kleinen Beispiel erläutern, das Sie bei Kindern, die ein Jahr älter sind, beobachten können und das mich sehr beeindruckt hat, als ich es zum erstenmal sah.

Wenn Sie jemals Kinder zu versorgen hatten, die ungefähr 17 oder 18 Monate alt sind und nicht mehr mit dem Löffel gefüttert werden müssen, die eine Tasse benutzen, einen Teller, eine Untertasse und andere Gerätschaften, dann wird Ihnen ein sonderbares und interessantes Phänomen aufgefallen sein. Die Kinder halten ihre Tasse fest, aus der sie Milch oder Kakao oder was auch immer trinken, und wissen sie sehr sorgsam und geschickt zu handhaben. Wenn die Tasse aber leer ist und Sie nicht sehr schnell reagieren, werfen sie sie weg (es ist sehr vorteilhaft, daß es Plastiktassen und -untertassen gibt!). Dies ist Ihnen gewiß aufgefallen. Warum macht das Kind so etwas? Es ist, im reifen Alter seiner 18 Monate, ganz offenkundig in der Lage, die Tasse überhaupt nicht mehr zu beachten, sobald sie leer ist. Sie wird weggeworfen, sie ist nicht mehr gut; und dies vermittelt uns ein sehr treffendes Bild davon, wie sich das Kind, zumindest bis zu diesem Alter, seinen Liebesobjekten gegenüber verhält. Es kann seine Beziehung zu ihnen nicht aufrechterhalten, wenn sie die Befriedigung, die sie ihm gewährt haben, nicht mehr bieten können. Es wirft sie weg – aber das kann man nur mit einer realen Tasse machen.

Wenn es um Liebesobjekte geht, zieht das Kind seine libidinöse Besetzung von ihnen ab, was genausoviel bedeutet wie sie wegzuwerfen. Und wir betrachten diese Phase, in der das Kind seine Objekte – allen voran die Mutter oder das, was sie ihm geben kann – in der beschriebenen Weise behandelt, als eine Art Vorbereitungsphase für den nächsten Schritt, die Objektbeziehung, wie wir es nennen. In dieser Phase besteht das Objekt für das Kind nur aus etwas, was imstande ist, ein Bedürfnis zu befriedigen. Es ist die Phase des »bedürfnisbefriedigenden Objekts«, wie es mitunter genannt wird. Dieses Bedürfnis kann ein körperliches Bedürfnis sein – z. B. das Bedürfnis, den Hunger zu stillen. Es kann (und zwar schon sehr früh im Leben des Kindes) ein Bedürfnis nach Zuneigung sein, nach Trost und Zärtlichkeiten aller Art. Gleichgültig, um welches Bedürfnis es sich handelt – es ändert nichts an der entscheidenden Grundlage der Beziehung, der Tatsache, daß die Beziehung nicht konstant ist, daß sie mit der Befriedigung endet und erneut beginnt, sobald das Bedürfnis wiederauflebt.

In der nächsten Lebensphase verhält das Kind sich seiner Tasse und Untertasse gegenüber genauso wie wir auch. Wir bewahren sie für die nächste Mahlzeit auf, behandeln sie vorsichtig oder halten sie sogar in Ehren, ob sie gerade der Befriedigung dienen oder nicht. Nun beginnt das Kind, sich seiner Mutter gegenüber ebenso zu verhalten, d. h., seine Bindung an die Mutter – die libidinöse Besetzung – bleibt, ungeachtet des Bedürfnisses, konstant. Das wäre also die Phase der Objektkonstanz, die dem, was wir im erwachsenen Leben als echte Liebesbeziehung oder emotionale Beziehung zu einem anderen Menschen betrachten, bereits sehr viel näher kommt. Aber selbst in dieser Phase der Objektkonstanz dauert es noch sehr lange, bis das Kind jene Person in der Außenwelt nicht mehr nur als Versorger wahrnimmt. Es dauert lange Zeit, bis das Kind sie als Person wahrzunehmen beginnt, als Person mit ihren eigenen Rechten, ihren eigenen Bedürfnissen, ihren eigenen Ansprüchen, als Person, mit der es nun Zuneigung, Liebe, Gefühl »austauschen« kann – das Objekt wird nicht nur libidinös besetzt, sondern auf der Basis dieser Besetzung mit der gleichen Rücksichtnahme behandelt, die das Kind sich selbst gegenüber walten läßt. Sobald dies geschieht, können wir von einer wirklichen Objektbeziehung des Kindes sprechen.

Daß die Erforschung dieser Phasen mehr ist als ein rein theoretisches Interesse, wird Ihnen vielleicht klarer, wenn Sie sich vor Augen führen, daß diese verschiedenen Stufen und Ebenen der Beziehung zu unseren Mitmenschen sich im erwachsenen Verhalten sehr genau widerspiegeln. Wir alle wissen, daß es wünschenswert wäre, wenn sich das Verhalten des Erwachsenen gegenüber seinen Mitmenschen auf der Basis dieser letztgenannten Stufe der Objektbeziehung bewegte – d. h. auf der Stufe, auf der das Objekt mit Rücksichtnahme und Aufmerksamkeit behandelt wird und ein Austausch von Gefühlen stattfindet. Aber es gibt viele Fälle und viele Formen der Abnormität, in denen Erwachsene auf frühere Ebenen der Objektbeziehung regredieren und in ihren Freunden – z. B. ihren Sexualpartnern – nichts als den Versorger sehen, den sie nur der Befriedigung wegen lieben, die sie von ihm erhalten können. Und wir wissen, daß es Erwachsene mit bestimmten Störungen gibt, die auf jene erste Phase der inkonstanten Liebesbeziehungen regredieren, in der Objekte, bildlich gesprochen, weggeworfen werden oder ihnen die Besetzung entzogen wird, sobald das Befriedigungserlebnis vorüber ist; um es zu wiederholen, suchen sie dann nach einem neuen Objekt. So spiegeln diese Entwicklungsphasen der Liebe des Kindes zu seiner Mutter gleichzeitig den gesamten Bereich möglicher Störungen in den Liebesbeziehungen des Erwachsenen wider.

Ich weiß, daß mir ganz bestimmt irgend jemand die Frage stellen wird: Wie sieht es in dieser Zeit mit der Aggression aus? Und auch diesmal muß ich sagen, daß wir die Wege, die der Aggressionstrieb nimmt, weniger eingehend erforscht haben als die der libidinösen Besetzung. Aber aufgrund unserer bisherigen Beobachtungen stellen wir uns vor, daß die Aggression sich sehr eng an die Objektwahl der libidinösen Strebungen, der sexuellen Seite, anlehnt. Das bedeutet, daß die Liebesobjekte des Kindes auch die Objekte sind, die gehaßt werden und die Aggression des Kindes in ihrer ganzen Wucht zu ertragen haben.

Noch ein weiterer Aspekt ist auf der aggressiven Seite zu berücksichtigen. Wann immer dem Kind die libidinöse Befriedigung verweigert wird, reagiert es mit Aggression. Wir wissen nicht, ob diese Aggression bloß dazu dient, seine libidinösen Interessen zu verteidigen. Es wäre vollkommen verständlich, wenn es sich so verhielte, denn wir wissen, daß dies für das erwachsene Verhalten gilt. Es trifft auch zu, daß sich die Aggression, wenn die Libido keine Befriedigung findet, um so stärker an die Stelle des anderen Triebes drängt.

Wir wissen nicht, ob ein Kind, dem keiner seiner Wünsche versagt wird, nicht aggressiv wäre, weil es unmöglich ist, die Frustrationserfahrung aus dem Leben eines Kindes zu verbannen. Dies ist wahrscheinlich eine Frage, die wir gerne experimentell lösen würden, aber da es so etwas wie einen Zustand konstanter libidinöser Befriedigung nicht gibt, können wir nichts beweisen. Deshalb werden Ihnen in der psychologischen Welt viele Menschen begegnen, die sich weigern zu glauben, daß die Aggression des Kindes tatsächlich ebenso fundamental, ebenso ursprünglich ist wie der Sexualtrieb, und behaupten, daß Aggression nur durch die Erfahrung der Nichtbefriedigung hervorgerufen wird. Wie ich Ihnen beim letzten Mal sagte, vertrete ich die andere Auffassung – daß nämlich sowohl die Sexualität als auch die Aggression fundamentale Triebe darstellen. Aber ich gestehe gerne ein – und Sie alle können es beobachten, wenn Sie sich mit kleinen Kindern beschäftigen –, daß außer der Aggression, die möglicherweise von Anfang an im Kind vorhanden ist, jene Anteile, die durch Versagung libidinöser Wünsche hervorgerufen werden, eine sehr bedeutende Rolle spielen. So können Sie sich die Situation im großen und ganzen vorstellen.

Wer nun aber sind die Menschen in der Umwelt, an denen dies Spiel von Sexualität und Aggression des Kindes tatsächlich »ausagiert« wird, wie wir sagen? Nun, ich habe sehr oft die Mutter genannt, aber das ist nicht ganz richtig, weil es dem Kind anfangs gar nicht um die Mutter geht. Der ganz junge Säugling hat keine Möglichkeit, sich die Mutter als Person vorzustellen. Für ihn spielen jene Teile des anderen eine Rolle, die dazu dienen, ihm sofortige Befriedigung zu gewähren, also die Brust der Mutter oder ihre Hand, vielleicht ihr Gesicht: Die Brust spendet Nahrung, die Hand vermittelt der Körperoberfläche Lustempfindungen, und das Lächeln der Mutter vermag das Kind zu beruhigen, es zu trösten, zu besänftigen. In jener Phase – Phase des »bedürfnisbefriedigenden Objekts« –, in der es noch keine Objektkonstanz gibt, in der Beziehungen so häufig abgebrochen werden, sind es diese Teile der Person, die für das Kind eine entscheidende Rolle spielen.

Mit zunehmender Reife, Vervollständigung seiner Ich-Funktionen und verbesserter Wahrnehmung der Außenwelt nimmt das Kind größere Teile der Mutter in sich auf, bis ihre ganze Person zum Objekt seines Interesses wird, seines sexuellen Interesses, seines aggressiven Interesses. Nun hat es eine echte Bindung an die Person der Mutter entwickelt. Die Mutter hat es in dieser Zeit, in der das Kind sie zum erstenmal als ganze Person für sich beansprucht, nicht leicht. Denn das Kind beansprucht sie in solchem Maß für sich selbst, als gäbe es außer den beiden keinen anderen Menschen auf der Welt. Nun leben aber Mütter – von sehr wenigen Ausnahmen abgesehen – mit ihren kleinen Säuglingen nicht allein. Die gesamte Beziehung zwischen Mutter und Säugling spielt sich innerhalb einer Familie ab, und das bedeutet, daß es noch andere Menschen gibt, die eine Rolle spielen und die Aufmerksamkeit der Mutter beanspruchen, die einen ebenso großen Anspruch auf ihre Liebe und ihr Interesse erheben wie der Säugling. Das ist der erste unlösbare Konflikt für den jungen Säugling und das erste Mißverständnis zwischen der Umwelt und dem Kind. Ich sage dies, weil es für das Kind unmöglich ist zu begreifen, weshalb diese Mutter nicht ausschließlich ihm gehören sollte, damit es sie lieben und hassen, mit ihr spielen kann, sie besitzen und durch sie Befriedigung finden kann; während es für die Mutter ebenso unvorstellbar sein muß, daß sie nur diesem einen Kind gehören sollte. Und natürlich ist dies auch für den Vater und die anderen Kinder nicht zu begreifen.

Dennoch wird jede normale Mutter den Bedürfnissen des Säuglings in einer bestimmten Hinsicht gerecht, zumindest in den ersten Lebensmonaten. In Gesprächen über die Rolle des Babys, das in die Familie hineingeboren wird, und die Eifersucht, welche die älteren Geschwister aus diesem Grund unweigerlich empfinden müssen, ist immer davon die Rede, daß man das ältere Kind – z. B. das zwei- oder dreijährige Kind – beruhigen und ihm versichern müsse, daß seine Mutter es trotz der Ankunft des Babys ebensosehr liebt wie zuvor. Und wir fragen uns, weshalb es kleinen Kindern so schwerfällt, das zu glauben, und weshalb sie sich, wenn das nächste Geschwisterchen geboren wird, jedesmal eine Zeitlang so verhalten, als hätten sie die Liebe ihrer Mutter mehr oder weniger ganz verloren. Ich denke, sie verhalten sich so, weil ein Körnchen Wahrheit darin steckt. Für die junge Mutter ist jedes neugeborene Kind etwas, das auf ganz besondere Weise zu ihr gehört, nach wie vor Teil ihres Körpers ist – was es schließlich sehr lange Zeit auch war –, es ist in hohem Maß Objekt ihrer Selbstliebe, ein Teil ihres Selbst, und wird deshalb in ganz besonderer Weise geliebt. Und das bedeutet, daß jede Mutter mehr oder weniger bereit ist, zumindest eine Weile, ein paar Monate lang, ausschließlich dem neugeborenen Baby zu gehören, selbst wenn sie bewußt alles versucht, um dem älteren Kind ihre Liebe nicht zu entziehen. Das ist eine schwierige Situation, und jede Mutter, die mehr als ein Kind hat, kennt sie sehr gut.

Sehr häufig wird die Frage gestellt, welche Rolle dem Vater in diesem ersten Lebensjahr zukommt. Unter weniger modernen Bedingungen hatten die Väter in der Regel sehr wenig mit ihren neugeborenen Babys zu tun. Sie pflegten sie aus einer gewissen Distanz zu betrachten, sie lamentierten über die Störung, die das Baby ins Haus brachte, und sie beklagten in der Regel die Tatsache, daß das Kind ihnen einen so großen Teil der Aufmerksamkeit der Mutter wegnahm. Unter modernen Bedingungen hat sich dies erheblich verändert, und viele Väter beteiligen sich an der körperlichen Versorgung des Kindes; das bedeutet, wie wir sagen würden, daß diese Väter sich dem Säugling als bedürfnisbefriedigendes Objekt zur Verfügung stellen, die Rolle übernehmen, die für gewöhnlich ausschließlich die Mutter innehat.

In den Fällen jedoch, in denen der Vater sich an der Versorgung des Babys nicht beteiligt, beginnt die Beziehung zu ihm auf einer ganz anderen Ebene. Sie beginnt eine geraume Weile, nachdem die Mutterbeziehung sicher verankert ist, und dann nimmt die Beziehung zum Vater in der Regel gleichzeitig zwei verschiedene Formen an. Eine davon ist ein direkter Weg: Objektlibido wird auf den Vater ausgeschickt, und zwar nicht, weil er Bedürfnisse in körperlicher Hinsicht befriedigt, sondern weil das Kind ihn mag und ihn wegen bestimmter Eigenschaften, bestimmter Dinge, die er vollbringen kann und zu denen die Mutter nicht imstande ist, bewundert. So wird er für das Kind unmittelbar zum Objekt der Zuneigung, zum Objekt der Bewunderung, zuweilen der Aggression. Gleichzeitig aber wird er in der normalen Familie unweigerlich zum Rivalen. Das Baby und der Vater machen rivalisierende Ansprüche an die Mutter geltend, und das beginnt sehr früh. Ich spreche nur von jenen Vätern (ich muß in bezug auf die Väter sehr vorsichtig sein, weil sie heutzutage sehr empfindlich sind), die sich um die körperlichen Bedürfnisse ihrer Babys nicht kümmern und vom Baby wiederum vor dem zweiten Lebensjahr vermutlich kaum zur Kenntnis genommen werden. Wenn der Vater das Baby füttert, trockenlegt und badet, sieht die Sache anders aus.

Auf der Grundlage konstanter Objektbeziehungen haben wir es also nun, im zweiten Lebensjahr des Kindes, mit drei Elementen zu tun. Das eine ist die positive und negative Einstellung zur Mutter – sie wird geliebt und gehaßt, je nachdem, wie sie sich dem Kind gegenüber verhält. Die gleiche Einstellung besteht auch zum Vater; und das dritte ist die ausgeprägte Rivalität mit dem Vater. Die libidinöse Situation wird für das heranwachsende Baby noch komplizierter, wenn es in der Familie ältere Geschwister gibt; nun können wir diese unterschiedlichen Beziehungsnuancen untersuchen, denn die gleiche Form der Rivalität, die zum Vater besteht, besteht natürlich auch zu den Geschwistern. Aber sie ist für das Kind weniger konfliktgeladen, weil die Geschwister weniger geliebt werden. Sie sind in erster Linie Rivalen und erst in zweiter Linie Kameraden.

Es ist interessant zu sehen, daß Situationen dieser Art eine große Zahl von Varianten, je nach den äußeren Umständen, zulassen. Vor einiger Zeit war es möglich, die libidinösen Beziehungen von Kindern zu anderen, gleichaltrigen oder beinahe gleichaltrigen Kindern zu beobachten, zu Altersgenossen, welche die Position von Geschwistern einnehmen. All diese Kinder hatten keine Eltern. Zu unserer Überraschung hat sich – zumindest in jenen Fällen, die wir beobachten konnten – voll und ganz bestätigt, daß Kinder unter diesen Umständen gegenüber ihren Altersgenossen offenbar keine Eifersucht entwickeln, die doch unter den üblichen familiären Umständen so normal und natürlich zu sein scheint. Das bedeutet, daß das Kind nicht eifersüchtig ist, seinen Bruder oder seine Schwester nicht haßt, weil sie beide dasselbe haben wollen und dies nicht möglich ist oder weil die anderen Kinder ihm etwas wegnehmen – sie nehmen ihm seine Spielsachen weg oder machen seine Spiele kaputt, aber sie tun dies eindeutig deshalb, weil sie mit ihm um die Liebe von Vater und Mutter rivalisieren. Wo diese fundamentale familiäre Rivalität fehlt, können Kinder einander lieben – was sehr merkwürdig ist, weil Geschwister einander ganz gewiß nicht lieben.

Das stimmt nicht, werden Sie sagen, aber die Wahrheit ist, daß sie einander in späteren Jahren lieben lernen. Und auch dies geschieht auf einer sehr merkwürdigen Grundlage; sie lernen einander lieben, weil sie dieselben Eltern haben. Und wenn jedes Kind seine libidinöse Objektbeziehung zur Mutter entwickelt und die Stufe erreicht hat, auf der es auch Opfer bringen kann, beginnt das Kind, seine Brüder und Schwestern zu lieben, weil sie zur Mutter gehören, so wie das Kind die Kleider der Mutter, ihren Mantel und ihre häuslichen Gerätschaften lieben lernt und sie nicht zerstört, sondern schont. So entwickelt sich die Liebe der Geschwister zueinander auf dem Weg über die Liebe der Eltern, ebenso wie die Eifersucht aufeinander durch die Liebe der Eltern entsteht. Ganz anders sehen die Beziehungen aus, wenn Kinder, in Ermangelung erwachsener Liebesobjekte, ihre libidinöse Besetzung direkt auf ihre Altersgenossen ausschicken – ein höchst abnormaler Zustand, der unserer Forschung aber sehr zugute kommt.

Diese Dinge sind kompliziert, und ich wollte sie nicht allzusehr zusammenfassen. Beim nächsten Mal möchte ich Sie in aller Ruhe mit den verschiedenen Formen der Liebes- und Haßbeziehungen des Kindes bekanntmachen, ihre libidinösen und aggressiven Entwicklungsstufen verfolgen und sie dann ihrem Höhepunkt in der familiären Situation zuführen – dem sogenannten Ödipuskomplex.

Sechste Vorlesung
Liebe, Identifizierung und Über-Ich

Die Entwicklungsphasen des Kindes und die verschiedenen Stufen seiner Beziehung zu Menschen in der Außenwelt gehören zu den Themen, die in der psychoanalytischen Theorie und Praxis am gründlichsten bearbeitet worden sind. Deshalb gibt es auf diesem Gebiet eine Fülle an Material, und jeder, der sich mit den analytischen Theorien der Kinderentwicklung beschäftigt, bleibt diesem Gebiet meist sein ganzes Leben lang treu. In ein oder zwei Stunden kann man diese Themen natürlich nur sehr gedrängt darstellen, und es ist nur natürlich, daß sehr wichtige Aspekte dabei so behandelt werden müssen, als wären sie von nebensächlicher, zweitrangiger Bedeutung; und vieles kann überhaupt nicht angesprochen werden. Ich kann nur versuchen, mein Bestes zu tun, aber auch das Beste ist zweifellos nicht gut genug.

Wenn Sie z. B. die Lebensphase betrachten, mit der ich mich beim vorigen Mal auseinanderzusetzen versucht habe, werden Sie erkennen, daß das Kind in dieser Zeit einen gewaltigen Fortschritt macht: Am Anfang steht eine enge, intime Beziehung zwischen einem kleinen menschlichen Lebewesen und einer anderen Person (der Mutter), eine Beziehung, die auf einen Austausch primitivster Art beschränkt ist. Und dann, bis zum dritten oder vierten oder fünften Lebensjahr, erweitern sich die Beziehungen des Kindes und erstrecken sich auf einen größeren Kreis von Menschen, wobei jener Gesamtprozeß, den wir als »Objektbeziehung« bezeichnen, stark variieren kann.

Die Fortschritte, die das Kind im Laufe dieser Zeit macht, seine Entwicklung von dem kleinen, primitiven, triebhaften, tierähnlichen Lebewesen zu einer beinahe vollkommenen, scheinbar erwachsenen Persönlichkeit – denn das fünfjährige Kind macht in vielerlei Hinsicht den Eindruck einer erwachsenen Person –, sind gewaltig. Und wenn man Gelegenheit hat, diese Veränderung entweder bei den eigenen Kindern oder bei Kindern, die man beobachtet, aus der Nähe mitzuverfolgen, fragt man sich immer wieder verwundert, woher diese Fortschritte kommen. Aufgrund meiner Arbeit hatte ich die Möglichkeit, Kinder Tag für Tag zu sehen, ich hatte ihre Umgebung unter Kontrolle und kannte die Umwelteinflüsse, die auf sie einwirkten, genau, und immer wieder sah ich bei diesen Kindern Reaktionen, die mich völlig überraschten. Immer aufs neue stehen wir vor der Frage: Wie ist es zu dieser oder jener Veränderung gekommen? Das bedeutet, daß das, was wir am Kinde beobachten, nicht nur ein Resultat der Umwelteinflüsse ist, die im Kind eine Reaktion auslösen. Diese Umwelteinflüsse, die auf die zugrunde liegende, angeborene Persönlichkeit einwirken, werden im Kind innerlich bearbeitet und treten als etwas völlig Neues zutage. Es ist faszinierend, diesen Prozeß mitzuverfolgen, aber nicht so einfach, ihn präzise zu beschreiben.

Das Kind, das wir am Schluß der letzten Vorlesung verlassen haben, war ungefähr drei oder vier Jahre alt und hatte eine Reihe unterschiedlicher Beziehungen entwickelt. Seine Objektbeziehungen (d. h. die Bindungen an die Außenwelt) waren nicht mehr ausschließlich auf die Mutter beschränkt, sondern hatten sich erweitert und umfaßten nun auch eine zweite Elternfigur, den Vater, sowie die Geschwister, die Brüder und Schwestern. Und jede dieser Beziehungen hatte ihre sehr individuelle, besondere Form. Ich habe, wie Sie sich erinnern, in wenigen Worten darzustellen versucht, daß die Ambivalenz gegenüber der Mutter eine andere ist als die Ambivalenz gegenüber dem Vater (»Ambivalenz« ist der Begriff, den wir benutzen, wenn das Kind positive und negative Beziehungen zu ein und derselben Person hat). Die negativen Gefühle gegenüber der Mutter beruhen zumeist auf jenen Situationen, in denen die Mutter dem Kind keine Befriedigung gewährt, während in der Beziehung zum Vater noch dessen Rolle als Rivale hinzukommt. In der Beziehung zu den Brüdern und Schwestern steht die Rivalität an erster Stelle; die positiven Beziehungen zu den Kameraden, den Spielgefährten, entwickeln sich später.

Wenn Sie an die Vorlesung zurückdenken, in der ich die, wie wir es nennen, »Theorie der Libidoverteilung« zu erklären versuchte, werden Sie sich vielleicht an unsere Beobachtung erinnern, daß das Kind die Libido, die sexuelle Energie, über die es verfügt, auf zweierlei Weise verwendet. Einerseits heftet das Kind sie im Dienst der Selbstliebe oder des Narzißmus an seinen eigenen Körper und seine eigene Person; und auf der anderen Seite verwendet das Kind dieselbe Energie für seine Bindungen an die Außenwelt – nämlich für die Objektliebe. Dies ist ein wichtiges Konzept, auf das wir in den folgenden Vorlesungen angewiesen sein werden. Beim normalen Kind findet ein ständiger Wechsel zwischen der einen Art der Libidoverwendung und der anderen statt. Damit meine ich, daß das Kind immer dann, wenn ein Objekt unbefriedigend ist oder die Liebesbeziehung zu einem Objekt aus irgendeinem Grund abbricht, den Anteil der Libido, der zuvor an das Objekt gebunden war, zur Bindung an seine eigene Person verwendet. Es findet also ein beständiger Wechsel zwischen der Selbstliebe und der Liebe zu anderen statt.

Zusätzlich zu diesen Formen der Libidoverwendung und des libidinösen Verhaltens des Kindes müssen wir nun zwei Arten der Beziehung zu Objekten in der Außenwelt betrachten. Stellen Sie sich die Mutter, den Vater und die Geschwister als Prototypen drei verschiedenartiger Objektbeziehungen zur Umwelt vor. Noch komplizierter wird die Angelegenheit nun durch die Tatsache, daß das Kind nicht nur eine, wie wir es nennen, »Objektbindung« an diese drei »typischen Personen« hat, sondern überdies in einer weiteren Form der Beziehung zu ihnen steht, von der Sie sicherlich schon häufig gehört haben – es ist nämlich mit ihnen »identifiziert«. Ich habe Sie noch einmal daran zu erinnern, daß Objektlibido in narzißtische Libido zurückverwandelt werden kann, weil wir diesen Prozeß verstehen müssen, um verstehen zu können, was eine Identifizierung ist. Hier geschieht tatsächlich etwas sehr Merkwürdiges. Stellen wir uns das Kind nun in seiner Beziehung zur Mutter vor, in einer jener Situationen, die ich zuvor beschrieben habe, in denen die Mutter die Bedürfnisse des Kindes weder durch Nahrung, Liebe noch durch ihre Anwesenheit zu befriedigen vermag. Ich habe gesagt, daß dies der Augenblick ist, in dem das Kind Liebe von der Mutter zurückzieht und sie an sich selbst verwendet, aber nun wollen wir diesen Prozeß näher kennenlernen.

Das Kind kann sich von der Mutter nur auf eine sehr merkwürdige Weise zurückziehen – indem es nämlich in seinem eigenen Innern, in seinem Ich, ein Bild von jenem Teil der Mutter errichtet, mit dem es unmittelbar zuvor zu tun gehabt hat. Ein Teil der Mutterfigur, des Mutterbildes, wird ins Innere aufgenommen und im Innern des Kindes, vermutlich auf der Grundlage eines Wunschbildes, aufgebaut. Erinnern Sie sich an die wunschgeleiteten Bilder, die das Kind zu Beginn des Lebens hervorbringt, sobald sich irgendein Triebbedürfnis in ihm entwickelt? Das Bedürfnis geht mit dem Bild der Befriedigung und des Objekts, an dem diese Befriedigung vollzogen werden soll, einher. Wahrscheinlich heftet das Kind, das mit der Mutter unzufrieden ist, seine Libido auf diese Weise an das innere Bild der Mutter, und dieses innere Bild wird nun »besetzt«, wie wir sagen – nicht mehr mit Objektlibido, sondern mit narzißtischer Libido. Es ist zu einem Teil des Kindes geworden, und die Mutter ist nun ein inneres Bild; das Kind versucht, von dem Bild statt von einer realen Mutter in der Außenwelt Befriedigung zu erlangen. Wir könnten sagen, daß ein Teil des Kindes sich verwandelt hat und nun die Mutter repräsentiert, um eine Befriedigung zu ermöglichen.

Dieser Prozeß der Umwandlung von Objektlibido in narzißtische Libido geht mit einer kontinuierlichen Entwicklung von Identifizierungen einher. Auf diese Weise wächst, erweitert sich das Ich des Kindes und füllt sich mit Inhalten. Wenn Sie sich an den Vortrag über das Ich erinnern, wird Ihnen auch wieder einfallen, daß ich damals vom Ich nur als von einer Gruppe verschiedener Funktionen gesprochen habe, die vervollkommnet werden, um in bezug auf die äußere und innere Welt bestimmte Aufgaben zu erfüllen. Nun aber sprechen wir von einem anderen Aspekt des Ichs – nämlich vom Ich als dem Kern der Persönlichkeit, der das in sich enthält, was wir als unser Selbst betrachten. Diese ureigenste Person in unserem Innern besteht aus Fragmenten und Anteilen der Menschen, die wir als kleine Kinder geliebt haben. Es ist ein sonderbarer Prozeß, über den nachzudenken sich lohnt, und man hat in der Tat einiges an Arbeit geleistet, um mehr über ihn herauszufinden, den Augenblick, in dem das Kind die Identifizierung vornimmt, einzufangen und nach erfolgter Identifizierung festzustellen, auf welche Weise sie zustande gekommen ist.

Das Kind steht also im Mittelpunkt einer kleinen Gruppe von Menschen, den nächsten Familienangehörigen, an die es einerseits durch Objektliebe gebunden ist und mit denen es sich andererseits fortwährend identifiziert. Auf diese Weise entwickelt es sich zu einer Person, die ihnen, wie wir sagen könnten, ähnelt, aber die Fragmente und Teile, die es aus der äußeren Welt in sich aufnimmt, vermischen sich so stark miteinander, daß es, außer durch eine persönliche Analyse, sehr schwierig ist zu entscheiden, woher die einzelnen Teile jeweils stammen.

Sie alle kennen die Situation, wenn eine interessierte Tante ein Kind betrachtet und sagt: »Ja, die Augen sind von der Mutter, und die Nase, das ist ganz der Vater, und der Mund, siehst du, ist vom Großvater.« Wir lächeln über diese Versuche, die charakteristischen Merkmale der Eltern und Großeltern und Onkel und Tanten im Gesicht des Kindes wiederzufinden, obwohl diese Wahrnehmungen natürlich häufig sehr zutreffend sind. Was die psychische Seite anbelangt, so enthalten sie mit Gewißheit eine Menge Wahres. All die Anteile, aus denen das Ich des

Kindes besteht, haben einmal zu anderen Personen gehört – das Kind sammelt eine gewaltige Mischung von Haltungen, Eigenschaften, Verboten, Befehlen, Vorstellungen und Wünschen in sich an, und das Kind hat die Aufgabe, ein harmonisches Ganzes daraus zu machen.

Wenn Sie den Identifizierungsprozeß auf diese Weise betrachten, wird Ihnen vielleicht auch klarer, weshalb es für Kinder, deren Eltern eine Ehe voller Konflikte führen, so schwer ist, ein harmonisches Ich aufzubauen. Wenn die Fragmente und Anteile, die das Kind aus der Außenwelt übernimmt, in der Außenwelt miteinander kollidieren, werden sie innerlich sehr schwer in Einklang zu bringen sein. Das gleiche gilt für den Fall, daß das Kind während der ersten Lebensmonate von mehr als einer Person versorgt wird. Je jünger und roher und einfacher der Organismus ist, desto wohltuender ist es für das Kind, wenn es nicht allzu viele Objekte hat, mit denen es sich identifizieren kann. Es ist besser, diese ersten inneren Bilder, diese ersten Bestandteile der Persönlichkeit, auf der Grundlage einer einzigen oder sehr weniger Beziehungen zu errichten: zuerst eine Beziehung, dann zwei Beziehungen.

An dieser Stelle wäre die Frage angebracht, ob die Geschwister die gleiche Funktion erfüllen. Haben wir tatsächlich außer jenen Anteilen unseres Vaters und unserer Mutter auch all diese kleinen Anteile unserer Brüder und Schwestern in uns? Nun, ja und nein. Wenn der Altersunterschied groß ist, können größere Brüder und Schwestern für das Kind die Rolle von verkleinerten Eltern spielen, wie man vielleicht sagen könnte; in diesem Fall identifiziert das Kind sich auch mit den Geschwistern, ebenso wie mit den Eltern. Wenn die Geschwister jedoch mehr oder weniger gleichaltrig sind, finden diese Identifizierungen in wesentlich geringerem Maße statt oder sind weniger bedeutsam.

Hier ergeben sich zwei wichtige Fragen. Was entscheidet über die Bedeutsamkeit einer Identifizierung? Mit »Bedeutsamkeit« meine ich die Rolle, die diese Identifizierung im späteren Leben des Kindes zu spielen bestimmt ist, weil man sich dieser Identifizierungen nur sehr schwer oder unmöglich entledigen kann. Im späteren Leben ist dies eine der Aufgaben des Analytikers. Die zweite Frage lautet: Welche Bedingungen sind für die Identifizierung günstig bzw. ungünstig? Auch das ist ein Thema, mit dem sich Professor Sears in seiner Arbeit beschäftigt.* Es ist nicht so schwierig festzustellen, wodurch die Stärke

---

* Anna Freud bezieht sich hier auf Robert Sears, der psychoanalytische Hypothesen als einer der ersten experimentell überprüfte.

einer Identifizierung bestimmt wird. Sie steht in direktem Verhältnis zur Stärke und Intensität der emotionalen Beziehung, die der Identifizierung vorangegangen ist. Eine leidenschaftliche Beziehung des Kindes zu Vater oder Mutter oder beiden wird starke Identifizierungen zur Folge haben. Die Stärke der Identifizierung wird in gewissem Sinn Erbe der Stärke der Beziehung sein.

Einer der widrigen Faktoren, die das Schicksal von elternlosen Kindern oder von Kindern beeinträchtigen, deren Eltern ihnen aufgrund eigener Unzulänglichkeit keine Möglichkeit geben, intensive Objektbeziehungen zu ihnen zu entwickeln, besteht darin, daß die Identifizierungen dieser Kinder schwach und machtlos sind. Ihr Ich bleibt irgendwie unvollständig, weniger befriedigend. Es wäre jedoch ein Fehler zu meinen, daß die Stärke der Objektbeziehung in einem direkten Verhältnis zur Toleranz der Eltern stünde. Es trifft nicht zu, daß das Kind die tolerante Mutter mehr liebt als die restriktive. Zu unserer Überraschung stellen wir häufig das Gegenteil fest. Es würde uns zu weit vom Thema abführen, die Gründe dafür zu erläutern. Aber wenn Sie Identifizierungen untersuchen, werden Sie feststellen, daß sie für gewöhnlich in solchen Zuständen erfolgen, in denen dem Kind von der Mutter keine Befriedigung zuteil wird. Das würde bedeuten, daß das Objekt der stärksten Identifizierung vermutlich eine überaus geliebte Mutter ist, die durch ihre Versagungen – all die unvermeidlichen Versagungen, auf denen die Eltern beharren müssen – einen Abbruch der Beziehung herbeiführt.

Andererseits wird eine Mutter, die sich fortwährend um Toleranz bemüht, die Bindung des Kindes, seine Objektbeziehung, wahrscheinlich in einem Maße aufrechterhalten, das einen häufigen oder kontinuierlichen Identifizierungsprozeß sehr viel weniger zuläßt. Warum sollte das Objekt schließlich nicht weiterhin in der Außenwelt bleiben, wenn es so überaus befriedigend ist, fortwährend als Quelle der Befriedigung zur Verfügung steht? Erst die Aufnahme des Objekts ins eigene Innere ist der Versuch, die Befriedigung innerlich fortzusetzen.

Dies ist, glaube ich, der rechte Augenblick, Sie daran zu erinnern, daß ich meine Darstellung der menschlichen Persönlichkeitsstruktur unterbrach, nachdem ich zwei ihrer Teile – nämlich das Es und das Ich – beschrieben hatte, und erklärte, zur Geburt des Über-Ichs noch nichts sagen zu können. Nun, jetzt können Sie sehen, wo das Über-Ich seinen Ursprung genommen hat. Das, was wir als »Über-Ich« bezeichnen, ist nichts anderes – und auch nichts Geheimnisvolleres – als das Resultat dieser ersten Identifizierungen des Kindes. Weil die ersten Liebesbeziehungen des Kindes die stärksten sind, sind auch die ersten Identifizierungen – jene des ersten Lebensjahres – die stärksten. Sie nehmen von nun an innerhalb des Ichs eine Sonderstellung ein, und eben diese Sonderstellung, diese zusätzliche Wichtigkeit und Stärke, diese Glorifizierung der ersten Identifizierungen innerhalb der Persönlichkeit, bezeichnen wir als Über-Ich.

Ohne die Identifizierung mit den Eltern gibt es kein Über-Ich, und ohne die Liebe zu den Eltern, ohne die Objektbindung an die Eltern, gibt es keine Identifizierung mit den Eltern – zumindest keine Identifizierung, die ein Über-Ich zur Folge hat. Das bedeutet, daß das Über-Ich aus den Objektbindungen an die Eltern hervorgeht, und dies erklärt bestimmte Eigenschaften des Über-Ichs. Wenn wir nur den Begriff »Über-Ich« hören, könnten wir leicht versucht sein anzunehmen, daß diese Bildung innerhalb des Ichs dem Ich in bezug auf sämtliche Funktionen in jeder Hinsicht überlegen ist, z. B. vernünftiger ist als das Ich. Das aber ist mit Sicherheit nicht der Fall, und es wäre ein großer Fehler, dies zu glauben.

Der vernünftige Teil der Persönlichkeit ist und bleibt das Ich. Das Ich hat sich aus dem Kampf mit der äußeren Realität heraus entwickelt, es hat die Aufgabe, sie wahrzunehmen, zum Teil auch zu bewältigen, die Errichtung des Über-Ichs aber erfolgte nicht zu einem derartigen Zweck. Als Erbe der Liebesbeziehungen, die von den Strebungen des Es gespeist wurden, wird es in Wirklichkeit aus Es-Material aufgebaut und im Innern der Persönlichkeit mit der Energie der Es-Strebungen – zumindest mit der sexuellen Energie der Es-Strebungen – besetzt. So steht es dem Es wesentlich näher als das Ich, was in vielerlei Hinsicht paradox zu sein scheint.

Auch hier ist eine Frage angebracht, die sehr häufig gestellt wird: Ist das Über-Ich ein getreues Abbild der Eltern, oder verkörpert es eine Kombination von Teilaspekten verschiedener Elternfiguren? Man könnte sehr versucht sein, dies zu bejahen, aber es spricht so vieles dagegen. Zum Beispiel finden Sie Kinder mit nachgiebigen, toleranten, liebenden Eltern, die auf der Grundlage ihrer Beziehung zu diesen Eltern ein strenges, grausames Über-Ich errichtet haben. Wenn Sie ein Kind beim Spielen beobachten und die Schuldgefühle sehen, die es entwickelt, wenn Sie sehen, wie es sich selbst für kleine Missetaten bestraft, wie ängstlich es ist, in welch hohem Maß es innere Konflikte erkennen läßt, wären Sie sich vielleicht vollkommen sicher, daß dieses Kind überstrenge Eltern gehabt hat, die es nun nachahmt; aber das stimmt nicht. Es gibt Kinder mit restriktiven, strengen oder sogar grausamen Eltern, die ein sehr tolerantes, nachgiebiges Über-Ich haben, und es gibt Kinder mit liebevollen, großzügigen Eltern, die von ihrem Über-Ich gepeinigt werden. Woher kommt dieser Unterschied, wenn das Über-Ich Ergebnis der Identifizierung mit den geliebten Gestalten der Außenwelt ist?

Die Erklärung dafür fand man tatsächlich wiederum durch die Erforschung abnormer Persönlichkeiten, und die Erforschung der normalen Persönlichkeit hat sie bestätigt. Bislang habe ich Ihnen gezeigt, daß das Über-Ich auf dem Schicksal der sexuellen Strebungen des Kindes errichtet wird – das Über-Ich ist Erbe seiner Liebesbeziehungen. Wie aber ist es um das Schicksal der aggressiven Strebungen bestellt? Nichts anderes als das Schicksal dieser Strebungen ermöglicht es uns, die Strenge und Grausamkeit des Über-Ichs zu erklären, und zwar auf folgende Weise. Wie ich beim letzten Mal zu erklären versucht habe, wecken die Versagungen, welche die Eltern den Wünschen des Kindes auferlegen, im Kind ein erhebliches Maß an Aggression, die sich auf die Eltern richtet; und abgesehen von der auf diese Weise geweckten Aggression gibt es noch die natürliche Aggression, die unserer Meinung nach angeboren ist, im Kind gleichzeitig mit dem Sexualtrieb zutage tritt und zusammen mit dem Sexualtrieb auf die Eltern gerichtet wird.

Nun aber stellt sich die Frage, in welchem Umfang das Kind diese aggressiven Gefühle den Eltern gegenüber tatsächlich zum Ausdruck bringen kann. Dieser Aggressionsäußerung stellen sich zahlreiche Hindernisse entgegen. Eins dieser Hindernisse besteht darin, daß es den Eltern möglicherweise nicht gefällt, daß sie es nicht mögen, wenn das Kind seine Todeswünsche, seinen Zorn, seine Wut zum Ausdruck bringt. Bevor die Eltern sich all das psychologische Wissen angeeignet hatten, das sie heute besitzen, betrachtete man die Aggression des Kindes gegenüber den Eltern als eine seiner schlimmsten Unarten, so daß sie streng verboten war. Dennoch ist es selbst für das Kind mit toleranten Eltern ganz und gar nicht einfach, Aggression gegenüber Vater oder Mutter zum Ausdruck zu bringen, weil das Kind einen innerlichen Konflikt hat – diese Menschen werden von ihm geliebt, und wenn man die Menschen, die man liebt, tötet, vermißt man sie anschließend. Diese Art primitiven Denkens gibt es im Kind, aber im frühen Alter können unwandelbare Liebe und unwandelbarer Haß gegenüber den Eltern noch nicht integriert werden. Deshalb entsteht ein Konflikt, und solche

Konflikte führen dazu, daß das Kind sich seine Aggression gegenüber den Eltern selbst verbietet und sie verdrängt. Und nun tritt ein merkwürdiger Umstand zutage.

Diese Aggression des Kindes verschwindet nicht einfach, sondern muß irgendwo verwendet werden, und so wird sie vom Über-Ich verwendet und nach innen, gegen das Ich des Kindes gerichtet. Das bedeutet, daß das Über-Ich des Kindes in ebendem Maße, in dem die Aggression von den Eltern abgewendet wurde, streng und grausam wird. Und die Tatsache, daß liebevolle Eltern dem Kind viel weniger Möglichkeit geben, seiner Aggression ungehindert Luft zu machen, erklärt einen Teil des von mir erwähnten Paradoxes. Der Haß auf liebevolle Eltern macht das Kind viel niedergeschlagener als der Haß auf unfreundliche. So wird das Über-Ich der Kinder mit liebevollen, toleranten Eltern tatsächlich sehr streng, während strenge und grausame Eltern ihre Kinder zum Revoltieren provozieren, und in dieser Revolte wird ein großer Teil jener Aggression bewußt und kann nach außen statt nach innen gerichtet werden. Folglich haben diese Kinder sehr häufig ein nachgiebiges und tolerantes Über-Ich. Das sind schwierige Sachverhalte, aber es sind die Schwierigkeiten des Lebens und keine vom Analytiker erfundenen.*

Damit haben Sie nun die drei Bestandteile der Persönlichkeit, um die es uns geht, kennengelernt. Das Kind, das ich Ihnen vor Augen geführt habe, ist in dem von mir beschriebenen Alter mit seinen Es-Strebungen, seinen Ich-Funktionen, dem mit Identifizierung angefüllten Ich-Inhalt und dem Über-Ich ausgestattet, das aus den wichtigsten dieser Identifizierungen besteht. Damit wäre die Persönlichkeit des Kindes also komplett; aber natürlich bleiben noch viele andere Fakten zu erörtern.

Während das Kind diese Prozesse durchläuft, in denen der vollständige Aufbau seiner Persönlichkeit erfolgt, durchläuft es gleichzeitig auch die Phasen der libidinösen Entwicklung, die ich Ihnen im Zusammenhang mit der infantilen Sexualität beschrieben habe. Wenn Sie nun das Verhalten des Kindes verstehen wollen, müssen Sie es folglich von zwei Seiten aus betrachten. Zum einen müssen wir uns die strukturelle Seite ansehen und fragen, welcher Teil der Persönlichkeit für diese oder jene Art des Verhaltens eine Rolle spielt. Wird das Verhalten durch die

---

* Heute könnten wir sagen, daß das Kind, das aufgrund seiner den Eltern gegenüber empfundenen Ambivalenz in schwere Konflikte gerät, seine unbewußten aggressiven Wünsche in bedrohliche Phantasiegestalten *projiziert*, die anschließend in sein Über-Ich inkorporiert werden.

Es-Strebungen verursacht? Wird es durch das Ich gelenkt oder durch Befehle des Über-Ichs erzwungen? Oder handelt es sich um eine Mischung dieser drei Faktoren? Wenn wir Zeit hätten, würde ich mit Ihnen erörtern, welche Implikationen dies für die Erziehung hat: Sprechen wir mit unseren pädagogischen Bemühungen den einen oder anderen dieser drei Persönlichkeitsanteile an? Und Sie können pädagogische Bemühungen sehr gut unter dem Aspekt des Persönlichkeitsanteils, an den sie adressiert sind, charakterisieren.

Nun, dies ist ein möglicher Blickwinkel, unter dem man das Verhalten des Kindes betrachten kann. Man kann die Veränderungen im Verhalten des Kindes aber auch in bezug auf die Stufen der Triebentwicklung, die es durchläuft, begreifen – also im Hinblick auf die orale, anale und phallische Phase und die mit ihnen einhergehenden Veränderungen der aggressiven Strebungen. Dabei werden Sie feststellen, daß es nicht allzu schwierig ist, zu erraten, welche libidinöse Stufe ein Kind erreicht hat, wenn Sie sein Verhalten in seinen Objektbeziehungen beobachten. Auf jeder Stufe ist die Beziehung zum Objekt eine andere. Um dies sehr kurz zu charakterisieren:

In der oralen Phase wird die Beziehung des Kindes zu seinen Objekten – in erster Linie der Mutter – von diesem oralen Merkmal der Gier beherrscht – das Kind kann nicht genug bekommen. Dringlichkeit und Gier sind auffällig; Gier nach Nahrung, nach der Anwesenheit der Mutter, nach ihren Zärtlichkeiten, nach allem. Das bedeutet, daß der Besitz des Objekts in dieser Zeit dazu dient, die Gier zu befriedigen. Die Mutter hat es in dieser Zeit schwer, wie wir alle wissen; noch schwieriger aber wird es für sie, die Beziehung in der nächsten Phase, der analen, aufrechtzuerhalten, in der die Objektbindung an die Mutter nicht mehr von der Gier, sondern von anderen Merkmalen beherrscht wird.

In der analen Phase will das Kind die Mutter in gleicher Weise besitzen, aber aus anderen Gründen. Es will sie haben, sie halten, sie am liebsten aus Leibeskräften an sich drücken, aber ebenso will es sie verletzen, quälen, sie »in der Hand haben« und ihre starke Hand im Rücken spüren. Die Objektbeziehung der analen Phase ist eine kaum zu verkennende, sehr spezifische infantile Beziehung. Sie wird in sehr starkem Maß von den Aggressionstrieben beherrscht sowie von der Vorstellung des Gebens und Nehmens, die wahrscheinlich mit der in dieser Zeit erfolgenden Reinlichkeitserziehung zusammenhängt. Vor allem ist es eine rücksichtslose und – wie ich sagen würde – recht grausame Beziehung. Das Kind kann die Mutter nicht loslassen, wenn es sie aber hat, quält es sie auf irgendeine Weise. Ich weiß, daß diese Beschreibung nicht sehr freundlich klingt, aber jede Mutter eines etwa zweijährigen Krabbelkindes würde, wenn sie ehrlich ist, zugeben, daß sie sich gequält fühlt und es nur einen einzigen Aspekt gibt, der diese Situation für sie erträglich macht – nämlich ihre große Liebe zu diesem Kind. Aber dieser Aspekt des Gequältwerdens – und im Grunde genommen die gesamte Beziehung, die den Eindruck einer, wie wir es nennen, »sadomasochistischen« Beziehung macht – wird uns sehr rasch deutlich bewußt, wenn die Person, die sich um das Kleinkind kümmert, nicht die Mutter, mit ihrer Liebe zu dem Kind, ist, sondern ein Fremder. Sein Gefühl, gequält zu werden, wird natürlich nicht durch ebensolche Liebe gemildert, wie sie die Mutter empfindet, und so entwickelt der Kampf mit dem Kind sich sehr leicht. Das ist der Grund, weshalb wir so viele Geschichten über Kinder in diesem Alter hören, deren Kindermädchen nicht gut zu ihnen sind, sie schlecht behandeln, zu sehr einengen, zu hart bestrafen. Es bedarf der ganzen Liebe zum Kind, um die Schwierigkeiten der Haßliebe, die in dieser Phase so deutlich zutage tritt, zu ertragen.

Und dann wechselt das Kind ohne jedes fremde Zutun von der analen Phase über in die phallische Phase, auf die genitale Ebene des Jungen, und sein Verhalten ändert sich völlig. Das gesamte sadomasochistische Wechselspiel verschwindet, und das Kind, vor allem der Junge (ich habe die Mädchen nicht vergessen – sie kommen ein bißchen später an die Reihe) macht sich eine ganz und gar männliche Einstellung der Liebe, Fürsorglichkeit und Hilfsbereitschaft gegenüber der Mutter zu eigen. Dies ist für die Mutter sehr angenehm und ganz anders als das, was sie vorher erlebt hat. Nicht die Erziehung hat den Wandel herbeigeführt, und es ist auch nicht so, daß die Es-Strebungen zu dieser Zeit unbedingt besser kontrolliert werden, als es in der analen Phase der Fall war. Vielmehr ist das Ziel der phallischen Phase, in bezug auf das Objekt, ein anderes. Dem Kind geht es nicht mehr darum, das Objekt zu besitzen und zu quälen; statt dessen will es das Objekt nun bewundern und von ihm bewundert werden. Dies ist die Phase, in der für den Jungen der Wunsch, die Mutter durch seine Stärke, durch seine Geschicklichkeit, durch seine körperliche Vollkommenheit, durch seine phallischen Erektionen zu beeindrucken, an erster Stelle steht.

Wenn Sie das Zusammenspiel von Mutter und Kind in der phallischen Phase beobachten, werden Sie überrascht sein, wie oft ein bestimmtes Wort in den Ausrufen des Kindes immer wiederkehrt, nämlich die Aufforderung »Guck mal!«. Die Mutter soll fortlaufend »gukken«: Guck, wie gut ich dies kann, wie ich jenes kann, guck, was ich gerade gemacht habe. Ich erinnere mich an ein kleines Mädchen von sieben oder acht Jahren, die mit einem solchen dreijährigen Jungen zusammen war und mich fragte, ob seine Mutter »Gucki« oder so ähnlich heiße – nun, fast ist es tatsächlich so.

Für die Mutter ist es eine große Erleichterung, wenn diese Stufe erreicht ist, auch wenn das Kind sie noch ebensosehr wie vorher braucht. Bei manchen kleinen Jungen – und dies ist wiederum etwas sehr Merkwürdiges – mischt sich in die Liebe zur Mutter, in diese Hilfsbereitschaft ihr gegenüber, in die Bewunderung für sie, ein klein wenig Verachtung – sie ist nur ein Mädchen. Kleine Jungen bringen dies sehr häufig zum Ausdruck, und die Hilfsbereitschaft, die sie der Mutter gegenüber zeigen, rührt zum Teil aus dieser Quelle her. Was kann das arme Mädchen schon machen, sie braucht einen Mann, der ihr hilft. Dies alles kommt in der Einstellung des Jungen zum Ausdruck, und er nimmt diese Dinge sehr ernst.

Nun also hat der Junge die Stufe erreicht (auch die Mädchen haben diese Stufe erreicht, aber ich werde zunächst den Jungen beschreiben), die, wie Sie aus der Literatur und Ihren Studien wissen, als Ödipuskomplex bezeichnet wird. Der Junge ist jetzt Mann genug, um als ernstzunehmender Rivale seines Vaters aufzutreten und die Mutter auf männliche Weise ganz für sich zu beanspruchen. Ich hatte mir überlegt, daß wir uns heute die Stufe des Ödipuskomplexes in seiner einfachsten Form ansehen und uns den gesamten folgenden Vortrag dafür reservieren, seine Komplikationen, seine Abnormitäten und die Variationen, die Ihnen in der Entwicklung des Mädchens begegnen, zu betrachten.

Siebte Vorlesung
Auf dem Weg zum Ödipuskomplex

Beim letzten Mal habe ich eine ganze Reihe von Fragen erhalten. Einige davon bezogen sich auf die Theorie, und ich glaube, ich kann nicht viel mehr tun, als sie zu erwähnen. Es gab die fast unvermeidliche Frage, ob die Aggression angeboren ist oder durch die Versagungen hervorgerufen wird, die das Kind ertragen muß. Der Fragesteller wollte wissen, ob es unmittelbare Beweise dafür gibt, daß Aggression auch ohne Versagung vorhanden ist. Nun, unmittelbare Beweise gibt es nicht, weil diejenigen, die es gerne beweisen würden, daran durch die Tatsache gehindert werden, daß es so etwas wie ein Leben ohne Versagung nicht gibt; nur mit Hilfe eines Kindes, das keinerlei Versagungen kennt, könnten wir beweisen, daß Aggression nichtsdestoweniger vorhanden ist.

Ich vermute, daß die Diskussion dieser unterschiedlichen Aggressionstheorien Sie auch in Ihren künftigen Auseinandersetzungen begleiten wird, aber Sie werden erkennen, daß unsere Theorien weniger auf der Grundlage direkter Beweise, der Beobachtung einzelner Fälle, entwickelt wurden als vielmehr auf der Grundlage allgemeiner Eindrücke. Die Theorien werden im Hinblick darauf, ob sie den Tatsachen entsprechen, ob sie ein Verständnis der Tatsachen erleichtern, überprüft. Wenn sie diese Funktion eine Zeitlang nicht erfüllen, läßt man sie wieder fallen. Die Theorie einer angeborenen Aggression hat man allerdings nicht fallengelassen – oder besser sollte ich sagen, daß sie von vielen vertreten wird, während viele andere sie bezweifeln. Sie können sie also als offene Frage betrachten.

Auf das andere theoretische Problem kann ich leichter antworten. Beim letzten Mal hatte ich beschrieben, daß das Ich aus Identifizierungen errichtet wird, und nun wollte jemand wissen, ob dies die Vorstellung, daß Temperament und Charakter angeborene Faktoren sein oder angeborene Elemente enthalten können, in Bausch und Bogen verwirft. Darauf würde ich antworten, daß die psychoanalytische Theorie die Existenz angeborener Faktoren nie bestritten hat. Wir stellen uns immer eine Wechselwirkung vor zwischen angeborenen Möglichkeiten und Reaktionen auf Erfahrungen, die durch die Umwelt verursacht werden. Am Endergebnis sind immer beide Faktorengruppen beteiligt.

Die Frage läßt sich also am besten beantworten, indem man sagt, daß die Identifizierungen das Ich auf der Grundlage des wie auch immer gearteten, angeborenen Materials errichten, das im Individuum vorhanden ist; und das gilt in bezug auf die Frage »Vererbung oder Erfahrung« für die gesamte psychoanalytische Theorie.

Eine Frage, die ein sehr gutes Verständnis bewies und eigentlich ein terminologisches Problem ansprach, lautete, ob das, was ich als »Narzißmus« bezeichnet habe, also die Wendung der Libido nach innen, auf das Ich oder auf den Körper des Kindes, mit dem Begriff identisch ist, den wir für verschiedene Aktivitäten benutzen, die das Kind mit dem Ziel der Lustgewinnung an seinem eigenen Körper vornimmt – d.h. jene Aktivitäten, die in der oralen, analen und phallischen Phase der Selbstbefriedigung dienen. Nun, wir bezeichnen diese beiden Äußerungsformen nicht mit ein und demselben Begriff.

Als Narzißmus bezeichnen wir die Richtung, in welche die Libido ausgesandt wird, die Verwendung der Libido; die anderen Aktivitäten hingegen bezeichnen wir als autoerotisch, d.h. als erotische Aktivitäten, für die das Individuum auf kein anderes Objekt außer seinem eigenen Körper angewiesen ist. Aber beide – Narzißmus und Autoerotismus – greifen natürlich irgendwo ineinander über, weil die Wendung der Libido nach innen auch mit den erotischen Gefühlen zusammenhängt, die der Körper selbst erzeugt. Der Körper ist die Quelle erotischen Empfindens – psychoanalytisch ausgedrückt, würden wir sagen, daß der Körper »erogene Zonen« hat; aber der Körper nimmt auch Libido auf, er ist narzißtisch besetzt. Damit wäre die Frage beantwortet.

Eine weitere Frage bezog sich auf die Art und Weise, wie die von mir beschriebene gerade Linie der normalen Entwicklung in eine abnormale oder auffällige Entwicklung abweicht, wenn in der Umwelt Veränderungen eintreten, wenn der familiäre Rahmen unvollständig ist, so daß das Kind nicht alle drei Beziehungen, zum Vater, zur Mutter und zu Geschwistern, aufbauen kann, oder irgendein inneres Hemmnis die Entwicklung des Kindes beeinträchtigt, selbst wenn der äußere Rahmen vollständig ist.

Auch eine Beschwerde habe ich erhalten; sie betraf die Vernachlässigung der weiblichen Entwicklung – und kam genau zum richtigen Zeitpunkt, denn mit diesem Thema will ich mich heute beschäftigen. Eine weitere Frage lautete, wie die von mir dargestellten Objektbeziehungen sich entwickeln, wenn die Kinder in Einrichtungen erzogen werden, in denen die Eltern hinter der Gemeinschaft nur von zweitrangiger Bedeutung sind, so wie es z. B. bei der heute in Israel praktizierten Gruppenerziehung in den sog. »Kibbuzim« der Fall ist – also in der agrarischen Gemeinschaft. Das sind sehr interessante Fragen, auf die ich gerne antworten würde, aber sie bringen uns zu weit von unserem eigentlichen Gegenstand ab. Wenn wir das ganze Thema eingehender verfolgen wollen, ist es natürlich völlig berechtigt, von der Erziehung in der Familie und ihren Konsequenzen zur Erziehung in Gruppen und ihren Konsequenzen überzugehen. Ich erwähne diese Fragen, auch wenn ich sie nicht beantworten werde, um Ihnen einige der möglichen Dinge aufzuzeigen, die Sie vielleicht interessieren werden, während Sie sich diese Vorlesungen anhören. Sie werden feststellen, daß es jede Menge Literatur gibt, um Ihre Neugierde zu befriedigen.

Sie werden sich daran erinnern, daß wir das männliche Kind beim letzten Mal mitten in seiner phallischen Entwicklung, in der es jene besondere Haltung gegenüber der Mutter und dem Vater bezieht, die Ihnen unter dem Namen »Ödipuskomplex« bereits begegnet ist, verlassen haben. Der Ödipuskomplex ist in den vergangenen Jahren so sehr zum Schlagwort geworden, der Begriff ist so vollständig in die Alltagssprache übergegangen, daß kaum noch jemand innehält und sich die Mühe macht, herauszufinden, was er wirklich bedeutet. Am einfachsten läßt er sich beschreiben, indem man sagt, daß sich der Junge die männliche Haltung angeeignet hat. Sein größter Wunsch ist der Besitz seiner Mutter; sein größter Rivale, der ihn an der Erfüllung dieses Wunsches hindert, ist der Vater. Das bedeutet, daß seine Liebe auf seine Mutter gerichtet ist und seine Todeswünsche, sein Haß, sich gegen den Vater richten, der aus früheren Zeiten zugleich auch sein Liebesobjekt ist. Dies löst einen erheblichen Konflikt in ihm aus. Wie Sie wissen, hat diese komplexe Situation ihren Namen von dem griechischen Mythos erhalten, in dem der Held sich in derselben Situation befindet – nämlich seinen Vater getötet und seine Mutter geheiratet zu haben.

Indem ich beim letzten Mal die ganze Geschichte der Objektbeziehung des Jungen Schritt für Schritt, allmählich und sorgfältig aufbaute, wollte ich Ihnen zeigen, daß der Ödipuskomplex mehr ist als eine momentane Haltung des Kindes oder etwas, das vielleicht ein halbes Jahr lang dauert und dann wieder verschwindet. Der Ödipuskomplex bildet den Höhepunkt der gesamten früheren Entwicklung, und die Form, in der er sich im Kind entwickelt, wird mehr oder weniger vollständig davon bestimmt, was vorher geschehen ist – nämlich von der oralen und analen Beziehung zur Mutter, von den früheren Wünschen, sie für sich zu vereinnahmen, sie zu besitzen, und von dem Maß der Befriedigung und Versagung, das der Junge während dieser früheren Phasen erfahren hat.

Sie könnten einwenden, daß der Wunsch des Kindes, die Mutter zu besitzen, ganz und gar nichts Neues sei. Diesen Wunsch hatte es von Anfang an, seit die Mutter das Kind zum erstenmal gestillt hat oder seit zum erstenmal sie und nicht die nährende Brust oder die Milch zum Objekt des Kindes wurde. Aber das Kind hat in diesen früheren Phasen nur eine partielle Beziehung zur Mutter, die ihre Persönlichkeit als ganze kaum berücksichtigt. Immerzu fordert das Kind irgend etwas, nie gibt es etwas, und erst in der phallischen Phase nimmt die Beziehung die erwachsene Form eines Austausches an. Es gibt natürlich einen wichtigen Aspekt in bezug auf das eigentliche Ziel der Beziehung zur Mutter, der sich von dem erwachsenen Ziel unterscheidet. Während in beiden Fällen der Besitz der Frau das Ziel ist, hegt der Junge keine Vorstellung oder Phantasie vom Geschlechtsverkehr (den er in diesem Alter im übrigen noch gar nicht vollziehen kann), sondern will vor der Mutter mit seiner Maskulinität prahlen und sich ihrer Bewunderung für diese Männlichkeit versichern. Hier machen seine Wünsche halt, auch wenn wir bei bestimmten Kindern vage Phantasien beobachten können, die weitergehen – Phantasien, eine verbotene Öffnung aufzusprengen, einen verbotenen Raum zu betreten usw. In solchen Phantasien deutet sich der spätere Geschlechtsverkehr bereits eindeutig an.

Diese phallisch-ödipale Phase ist für das Kind von größerer Bedeutung, als man auf den ersten Blick vermuten würde. Als Erwachsene sich ihrer zum erstenmal bewußt wurden und Eltern es wagten, die maskuline Haltung des kleinen Jungen zur Kenntnis zu nehmen, empfanden sie sie in der Regel als etwas sehr Angenehmes, über das sie sich aber gleichzeitig amüsierten; sie sahen einen kleinen Jungen, der sich wie ein großer Mann zu benehmen versuchte.

In Wahrheit ist das Schicksal dieser Phase von entscheidender Bedeutung für das Schicksal der späteren Männlichkeit des Jungen. Wenn der Junge in der phallischen Phase durch irgendein Ereignis Angst vor seiner maskulinen Einstellung in der ödipalen Beziehung zur Mutter bekommt oder veranlaßt wird, sie wieder aufzugeben, verliert er sie unter Umständen für alle Zeiten. Wie kann dies geschehen?

Die Antwort lautet, daß es im wesentlichen zwei Gründe dafür gibt. Aufgrund der Rivalität mit dem Vater hat der Junge Angst vor der Konkurrenz des Vaters. In seinen Augen ist der Vater mächtiger, stärker, und der Vater kann ihn für seine Rivalität bestrafen. Auch hier gibt es vage Vorstellungen – die im Denken des Jungen zuweilen sehr deutliche Formen annehmen –, daß er mit dem Verlust seines Genitales bestraft werden wird. Weil es sein größter Wunsch ist, für seine phallischen Kräfte bewundert zu werden, besteht seine größte Angst folglich darin, seinen Penis zu verlieren. Wenn Sie einen Jungen dieses Alters analysieren, entdecken Sie unweigerlich solche Phantasien in seinem Unbewußten. Bei vielen Kindern brechen sie zu dieser Zeit ins Bewußtsein durch und äußern sich ganz unverhohlen in dem Phänomen, das wir als »Kastrationsängste« bezeichnen.

Aufgrund dieser Ängste kann es geschehen, daß der Junge seine männliche Haltung gegenüber der Mutter aufgibt, sich von seiner Männlichkeit distanziert und in seiner Entwicklung zurückfällt. Er wird »regredieren«, wie wir es genannt haben – d. h., seine Libido wird sich auf frühere Stufen zurückziehen, die sicherer sind. Das Kind wird wieder eine Beziehung oralen oder analen Charakters zur Mutter aufnehmen, die ihm weniger gefährlich und von äußeren Kräften weniger bedroht zu sein scheint. Deshalb werden Sie es häufig beobachten, daß ein Junge in diesem Alter plötzlich all die vielversprechenden und angenehmen männlichen Eigenschaften verliert und wieder in die Haltung eines hilflosen, quälenden, quengeligen Kleinkinds zurückfällt.

Das gleiche kann auch aus einem anderen Grund geschehen. Der Junge merkt möglicherweise, daß seine phantasierten Angriffe auf die Mutter oder seine Versuche, die Mutter zur Bewunderung seiner körperlichen Männlichkeit zu bewegen, dieser in Wahrheit gar nicht behagen. Es kann sogar sein, daß ihm die Mutter, die nun gewissermaßen von zwei Männern attackiert wird, leid tut; möglicherweise hat er auch bemerkt, daß sie sich gegenüber den Annäherungen des Vaters ablehnend verhält – dies geschieht in zahlreichen Ehen, wenn die Frau frigide ist. Der Junge kann in diesem Fall beschließen, daß er der Mutter ein besserer Partner wäre, daß er solche verbotenen Forderungen nicht an sie stellen würde – ein weiterer Grund für ihn, auf seine Männlichkeit zu verzichten und sich auf seine frühere Stufe zurückzuziehen. Vielleicht auch ist seine Liebe zum Vater so groß, daß er es nicht erträgt, mit ihm zu rivalisieren. Wiederum wird er sich zurückziehen. Und es gibt noch einen weiteren Grund, auf den wir bald zu sprechen kommen werden.

Was immer der Grund sein mag – der Junge hat die Möglichkeit, den Rückzug anzutreten. Diesen Weg einzuschlagen ist eine bedeutsame

Entscheidung (keine bewußte Entscheidung, der Junge sagt sich nicht etwa: »Es ist besser, wenn ich diese Haltung nicht länger vertrete, ich sollte mich besser wieder so verhalten wie vorher, und Mutter und Vater werden mich viel mehr lieben« – auf diese Weise geschieht es nicht). Die Entscheidung erfolgt als unbewußte, automatische Reaktion auf die Gefahr, auf das Unbehagen, das er in der Situation des Ödipuskomplexes empfindet.

Und nun kommt der entscheidende Schritt, denn wenn er sich zurückzieht, wenn er seine männlichen Ansprüche aufgibt, sich wieder mehr wie ein Baby verhält, hat er seine Männlichkeit bereits eingebüßt, bevor er in die nächste Lebensphase – nämlich die Latenzperiode, das Schulalter – eintritt. Und wenn die Prä-Adoleszenz beginnt und die gesamte prägenitale Sexualität wiedererweckt, wird sie nicht die Reaktionen der phallischen Phase wecken, sondern vor allem jene Reaktionen, in die sich der Junge auf dem Höhepunkt des Ödipuskomplexes flüchtete. Das ist der Grund, weshalb viele unserer männlichen Kinder die gesamte, wichtige Phase der Latenzperiode oder Schulzeit nicht als richtige Jungen durchlaufen, die gerne kämpfen und erobern, erforschen und beschützen, sondern als recht passive, recht feminine, nörglerische, irgendwie feige Kinder, die Konkurrenz nach Möglichkeit vermeiden, es nicht mögen, wenn sie körperlich verletzt werden, nicht bereit sind, Risiken einzugehen, und zu ihrer Mutter laufen und sich beklagen, wenn ihnen irgend etwas zustößt. Das bedeutet, daß man, auch ohne ein Kind zu analysieren, aufgrund seines manifesten Verhaltens sagen kann, ob der Junge in der Lage gewesen ist, sich die Eigenschaften der phallischen Phase zu bewahren oder nicht.

Vielleicht habe ich übertrieben, als ich sagte, daß in der phallischen Phase und auf dem Höhepunkt des Ödipuskomplexes die Entscheidung darüber fällt, wie männlich dieses Individuum im späteren Leben sein wird. Das ist nicht ganz richtig. Aufgrund biologischer Ursachen wird die Persönlichkeit in der Adoleszenz von einer Welle genitaler Libido durchdrungen, und wenn trotz der nicht-phallischen Neigungen, die der Junge mit sich bringt, alles gutgeht, kann seine phallische Männlichkeit noch einmal wiederhergestellt werden. Aber sehr häufig kann sie dann nur während der Adoleszenzperiode, in der die genitalen Strebungen so stark anwachsen, aufrechterhalten werden. Sobald die Adoleszenz vorüber ist, findet die Regression auf die anale oder orale Phase unter Umständen erneut statt. Das bedeutet, daß ein Großteil der Jungen, die den Kampf um ihre Männlichkeit in der ödipalen Periode verlieren, im späteren Leben große Schwierigkeiten haben, eine normale erwachsene Sexualität zu entwickeln. Das ist der Grund, weshalb Analytiker den Ereignissen des Ödipuskomplexes immer eine so ungeheure Bedeutung beigemessen haben – nicht, weil es so angenehm wäre, die Elemente eines mehrere tausend Jahre alten Mythos wiederzuentdecken, sondern weil diese Phase das Schlachtfeld ist, auf dem der Kampf um die künftige erwachsene Normalität oder Abnormität ausgefochten wird. Es wäre mir also lieb, wenn Sie den Ödipuskomplex des Jungen in diesem Sinn verstehen.

Und nun ist es, angesichts der Tatsache, daß das Publikum zur Hälfte aus Radcliffe- und zur anderen Hälfte aus Harvard-Angehörigen besteht, höchste Zeit, daß wir uns den Mädchen zuwenden, die – das muß ich sagen – sehr geduldig waren. Sie sind nicht allzu schlecht dabei weggekommen, da es in den beiden ersten Phasen des kindlichen Sexuallebens – in der oralen und der analen Phase – tatsächlich nur sehr geringfügige Unterschiede in der Entwicklung der beiden Geschlechter gibt.* Das wichtigste Objekt der Bindung ist für Jungen ebenso wie für Mädchen die Mutter; für beide folgt der Vater an zweiter Stelle, beide kämpfen sie mit ihren Geschwistern, und beide entwickeln dieselben Formen der Aggression, während sie diese frühen sexuellen Phasen durchlaufen; und auch wenn es Menschen gibt, die behaupten, daß Mädchen ein bißchen weniger aggressiv seien, bin ich nicht dieser Ansicht. Im Kindergarten zum Beispiel, wo Jungen und Mädchen dieses Alters zusammen sind und zusammen spielen, haben sehr häufig die Mädchen die Oberhand. Zwischen den Entwicklungsformen in diesen beiden frühen Phasen gibt es kaum einen Unterschied.

Es ist natürlich klar, wo die wichtigen Unterschiede auf der phallischen Stufe allmählich in Erscheinung treten. Unseren analytischen Beobachtungen zufolge treten Jungen und Mädchen mit den gleichen Erwartungen in diese Phase ein, und auch mit der gleichen Bereitschaft, das Zentrum sexueller Empfindungen in jenem Körperteil zu finden, den beim Jungen der Penis und beim Mädchen das entsprechende Organ – nämlich die Klitoris – bildet. Aber nun kommen all die Unterschiede zwischen diesen zwei Organen ins Spiel und äußern sich in den psychologischen Unterschieden, die auf dieser Stufe zwischen den Geschlechtern deutlich werden. Damit will ich sagen, daß der Junge ein äußeres Genitale hat, auf das er stolz ist, mit dem er spielen, angeben

* Diese Auffassung ist mittlerweile umstritten.

kann, während das Mädchen dieses Organ nicht besitzt; es besitzt nur seine verkümmerten Überbleibsel, die sich als völlig unzulänglich erweisen und als Träger der Libido und der libidinösen Manifestationen dieser Stufe unbefriedigend sind.

Die autoerotische Aktivität der Jungen und Mächen ist auf dieser Stufe beinahe die gleiche, für die Mädchen aber ist sie aufgrund der spezifischen Eigenschaft und Größe seines Organs weit weniger befriedigend als für die Jungen – so daß also der Höhepunkt der Männlichkeit, den der Junge erlebt, für das Mädchen mit einem Versuch endet, der ihm Enttäuschung einträgt; und damit beginnt im Mädchen die Veränderung, die sich im Übergang von jungenhaften Verhaltensweisen zu anderen, von uns als weiblich bezeichneten Äußerungsformen bekundet. Und das ist noch nicht alles.

Das Mädchen muß einen weiteren wichtigen Schritt machen, der dem Jungen erspart bleibt. Wenn Sie meinen Beschreibungen zugehört haben, wird Ihnen klargeworden sein, daß der Junge sein Liebesobjekt in der Umwelt – nämlich die Mutter – bis zur Adoleszenz nicht wechselt. An der Person der Mutter lernt er zu lieben. Sie ist sein erstes »ganzes Objekt«, wie man es nennt, sie ist das erste Objekt, zu dem er eine Beziehung hat, in der er den Austausch von Gefühlen lernt, und in seiner Beziehung zur Mutter erlernt er Formen der erwachsenen Liebe. Sie begleitet ihn durch die Latenzperiode, und wenn Prä-Adoleszenz und Adoleszenz einsetzen, ist sie nach wie vor sein Objekt. In der Adoleszenz kostet es ihn gewaltige Anstrengungen, sich von ihr zu lösen und ein weibliches Objekt außerhalb der Familie zu suchen. Diese Loslösung kann dem Jungen nur mit einem ungeheuren Maß an Feindseligkeit gegenüber der Mutter gelingen. Er muß sie als Person, die er liebt, ganz und gar ablehnen, bevor er sich von ihr befreien kann. Darin besteht der – häufig sehr tragische – Kampf zwischen der Mutter und dem Heranwachsenden. Die Mutter kann nicht begreifen, weshalb ihr Sohn ihr plötzlich mit solcher Feindseligkeit begegnet. Die Gründe liegen mit Sicherheit ganz und gar nicht auf ihrer Seite, sie kann noch nicht einmal entsprechend darauf reagieren. Aber der Junge kann auf ein Objekt außerhalb der Familie nur dann zugehen, wenn er sich von der Mutter befreit, und er tut dies häufig auf sehr brutale Weise.

Das Schicksal des Mädchens sieht, wie Sie wissen, anders aus, denn sie hat ihr Objekt bereits in der phallischen Periode gewechselt – sie hat sich von der Mutter ab- und dem Vater zugewandt, und seitdem ist der Vater ihr Liebesobjekt gewesen. Sie muß in der Adoleszenz genauso kämpfen, um sich von ihm zu befreien und ihre Libido auf einen Fremden außerhalb der Familie zu übertragen, auch wenn der Kampf längst nicht so gewaltsam und heftig – oder so tragisch – ist wie beim Jungen. Das Mädchen muß also zwei Wechsel vollziehen: im Zusammenhang mit ihrer realen körperlichen Sexualität einen Wechsel des Körperteils, welcher der sexuellen Lust dient, nämlich einen Wechsel von jenem rudimentären Überbleibsel eines männlichen Organs, der Klitoris, zu dem weiblichen Organ, das ihr im späteren Leben als Quelle der Lustempfindungen dienen soll; und der zweite Wechsel ist der Objektwechsel von der Mutter zum Vater. Der Junge kann sein Genitale behalten und muß es nicht wechseln, und er kann sein weibliches Objekt behalten. Das sind die beiden Punkte, an denen die weiteren Unterschiede zwischen den Geschlechtern, die Unterschiede in der Entwicklung und in den Verhaltensmanifestationen, ihren Ausgang nehmen.

Ich habe Ihnen wiederum kaum mehr als Kapitelüberschriften nennen können, aber Sie werden keine Schwierigkeiten haben, in der Literatur eine Reihe von Aufsätzen, Vorträgen, Büchern über die weibliche Sexualität und ihre Entwicklung zu finden, und immer werden Sie feststellen, daß diesen beiden entscheidenden Wechseln, die das Mädchen vollziehen muß, besonderes Gewicht beigemessen wird. Sie werden auch feststellen, daß der Entwicklungszeitpunkt, an dem die weiblichen Geschlechtsteile eine Rolle zu spielen beginnen, umstritten ist. In den vergangenen Jahren haben einige Autoren nach sorgfältigen Untersuchungen behauptet, daß kleine Mädchen schon von der frühen Kindheit an bestimmte Sensationen in ihren weiblichen Genitalien wahrnehmen.

Aber diese Frage ist noch offen. Mit ihr hängt eine weitere Frage zusammen: Haben die Analytiker wirklich recht mit ihrer Auffassung, daß der Wunsch, ein Junge zu sein, und die Enttäuschung darüber, kein Junge zu sein, im Leben des Mädchens eine so große Rolle spielen? Nach der Theorie, wie ich sie Ihnen vorgestellt habe, haben sie recht, weil die Frage, ob sie sich ihre Sexualität in der phallischen Phase bewahren konnte, für das spätere Lebensschicksal des Mädchens – im Gegensatz zum Jungen – weniger entscheidend ist als die Frage, wie sie die Tatsache bewältigt hat, daß ihr für eine phallische Genitalität letztendlich die körperlichen Voraussetzungen fehlen.

Das also ist der normale Ödipuskomplex bei Jungen und Mädchen, und vielleicht finden Sie ihn bereits kompliziert genug. Entschieden komplizierter aber wird er aufgrund eines weiteren Faktors – der Tatsache nämlich, daß es keine Menschen gibt, die ganz und gar Mann oder ganz und gar Frau sind. Wir Psychoanalytiker vertreten die Auffassung, daß die menschliche Natur über eine grundlegende Eigenschaft verfügt, die man als »Bisexualität« bezeichnen kann – d. h., daß in jedem männlichen Individuum das Potential für eine weibliche Sexualität und im Körper der Frauen das Potential für eine männliche Sexualität angelegt ist. Und abgesehen von diesem körperlichen Potential sind Männer wie Frauen auch ihrer psychischen Veranlagung nach bisexuell. Sie müssen nur an die Frage der Ichbildung, die ich Ihnen beim letzten Mal beschrieben habe, zurückdenken – ich habe gesagt, daß der Inhalt des Ichs sich allmählich, durch Identifizierungen mit den Liebesobjekten, entwickelt. Nun, dies sind Identifizierungen mit beiden Eltern.

Über einen langen Zeitraum, in den ersten beiden Jahren, beziehen Jungen und Mädchen ihre Identifizierungen von der Mutter und bauen einen Teil ihrer Persönlichkeit nach dem Bild der Mutter auf. Und wenn der Vater ins Leben des Kindes eintritt, geschieht bei beiden Geschlechtern das gleiche in bezug auf den Vater. Das bedeutet, daß beide Geschlechter die Rückstände von Vater und Mutter in ihrer psychischen Ausstattung, in ihrem Ich und in ihrem Über-Ich, enthalten. Deshalb gibt es in beiden Geschlechtern eine Bereitschaft, gleichzeitig als Männer und als Frauen zu reagieren. Das bedeutet, daß jeder Junge in seinem Leben außer diesem Dreiecksverhältnis – dem Dreiecksverhältnis der Objektbeziehungen, in dem er die Mutter liebt und der Rivale des Vaters ist – auch das Gegenteil erlebt, nämlich ein Dreiecksverhältnis, in dem er für den Vater die Rolle der Mutter spielt, in dem die Mutter sein Rivale ist und er sich dem Vater als Liebesobjekt anbietet. Wir bezeichnen dies als »umgekehrten Ödipuskomplex«[*]; und nun können Sie sich vorstellen, wie sehr er die regressiven Kräfte des Jungen verstärkt, sein Bedürfnis, auf seine Maskulinität zu verzichten und in frühere Phasen zurückzufallen, und wie sehr er die feminine Seite seiner Natur verstärkt. Denn dem Vater gegenüber wieder passiv zu werden, statt mit ihm zu konkurrieren, entspricht exakt der femininen Seite seiner Natur. Wenn Sie feststellen, daß ein Junge von der phallischen Phase auf die anale regrediert ist, sollten Sie deshalb nicht zu schnell mit der Diagnose bei der Hand sein, daß er aus Furcht vor dem Vater regredierte. Möglich wäre auch, daß von der femininen Seite in seinem Innern eine zu starke Anziehungskraft ausging. Er konnte seine masku-

---

[*] Auch als »negativer« Ödipuskomplex bezeichnet.

107

line Haltung gegenüber der Mutter nicht aufrechterhalten und nahm statt dessen die feminine Haltung gegenüber dem Vater ein.

Mir wurde eine Frage gestellt, die ich bislang noch nicht beantwortet habe. Die Frage lautet, ob die infantile, adoleszente oder erwachsene Homosexualität ein Resultat der mit dem Ödipuskomplex verbundenen Erfahrungen darstellen könne. Ich möchte die Frage gern ein wenig abändern. Wir sprechen nicht von infantiler Homosexualität, weil es während der Phasen der frühen Kindheit vollkommen natürlich ist, daß das Kind ein gleichgeschlechtliches Liebesobjekt hat, so wie es auch natürlich ist, daß es ein Liebesobjekt hat, das dem anderen Geschlecht angehört. Jeder Junge, der – um es einmal in diesen erwachsenen Begriffen auszudrücken – eine heterosexuelle Liebesbeziehung zu seiner Mutter hat, empfindet gleichzeitig auch Liebe zu seinem Vater; und wir gewinnen nicht viel, wenn wir diese Liebe als homosexuell bezeichnen. Das gleiche gilt für die Adoleszenz. Fast jeder Heranwachsende durchläuft eine Phase, in der er sich an ein Objekt des gleichen Geschlechts bindet, bevor er Objektbeziehungen zu einem Objekt des anderen Geschlechts aufbauen kann. Zum Teil ist dies die Wiederholung seiner Kindheitserfahrungen. Es kann noch einmal die Liebe des Jungen zu seinem Vater und die tiefe Bindung des Mädchens an die Mutter zum Ausdruck bringen.

Es gibt noch einen weiteren Grund, weshalb all dies in der Adoleszenz erneut zutage tritt. Jeder Heranwachsende durchläuft eine Phase, in der er sich von Liebesobjekten überhaupt zurückzieht und sehr egoistisch und narzißtisch wird. Und wenn er zu einem Objekt zurückfindet, sucht er für gewöhnlich zunächst nach einem Objekt, das ihm selbst gleicht – der Freund, der demselben Geschlecht angehört, ist die Brücke zum anderen Geschlecht, denn der gleichgeschlechtliche Freund repräsentiert den Heranwachsenden selbst und ist gleichzeitig eine andere Person. Deshalb finden viele Jugendliche ihren Weg zum anderen Geschlecht über eine kurze Phase homosexueller Bindung. Wir nennen diese Bindungen »homosexuell«, wenn sie bis ins Erwachsenenalter hinein fortbestehen – d. h. wenn der Weg zum anderen Geschlecht versperrt bleibt und wenn das Individuum, aufgrund der erworbenen Hemmungen, aufgrund seiner Unfähigkeit, die zur eigenen Familie gehörenden Objekte aufzugeben oder seine erwachsene Männlichkeit zurückzugewinnen, auf Objekte desselben Geschlechts fixiert bleibt. Das also geschieht beim erwachsenen Homosexuellen, und diese Abnormität ist in den vergangenen Jahren in großem Umfang erforscht worden. Psychoanalytiker haben gegenwärtig wesentlich größere Hoffnungen als vor zehn oder zwanzig Jahren, daß sich all diese Abweichungen von der Norm wieder ins rechte Gleis bringen lassen.* Die angeborene Bisexualität spielt natürlich in der Entwicklung des Mädchens eine ebenso wichtige Rolle, weil sie es dem Mädchen sehr verlockend erscheinen läßt, länger in der phallischen Phase zu verharren, als sie es vielleicht in Anbetracht ihres weiblichen Körpers und künftigen Schicksals sollte. Es gibt kleine Mädchen, die in der phallischen Phase, auf der Basis ihrer maskulinen Seite, eine sehr maskuline Haltung gegenüber der Mutter einnehmen und mit dem Vater rivalisieren; das ist der umgekehrte Ödipuskomplex des Mädchens.

Sie haben wahrscheinlich gelesen und gehört, daß diese Phase des Ödipuskomplexes nicht sehr lange dauert, daß sie vorübergeht. Wir haben bereits darüber gesprochen. Aber mit ihrem Abschluß kommen zwei Dinge zusammen, die wir auf angeborene Kräfte im Kind zurückführen. Zu diesem Zeitpunkt werden die Es-Bedürfnisse schwächer, und gleichzeitig erlebt das Kind die Versagungen des Ödipuskomplexes – nämlich die für Jungen wie Mädchen gleichermaßen bestehende Unmöglichkeit, irgendeinen der mit der phallischen Phase verbundenen Wünsche zu befriedigen. Der Weg zu ihrer Befriedigung ist beiden versperrt; es gibt den Rivalen, es gibt die Angst vor dem Rivalen, und der von den früheren Phasen ausgehende Sog spielt, wie ich es geschildert habe, ebenfalls eine Rolle. Weder Vater noch Mutter sind gewillt, das Kind, was diese Wünsche angeht, gewähren zu lassen. Das bedeutet, daß all die Wünsche des Ödipuskomplexes unter normalen Umständen versagt werden, und dies ist für das Kind ein entscheidender Grund, sie fallenzulassen, zurückzunehmen, zu verdrängen oder irgend etwas anderes mit ihnen zu tun (worüber wir später mehr hören werden).

Wenn Sie sich erinnern, haben wir den Versagungen – nämlich diesen kurzen Unterbrechungen der befriedigenden Beziehung zwischen Mutter und Kind – beim letzten Mal eine wichtige Rolle für die Identifizierung zugeschrieben. Sie können nun selbst beurteilen, welch wich-

---

* Zur Zeit dieser Vorträge galt die Homosexualität als Krankheit, die man mit Hilfe der Psychoanalyse heilen zu können hoffte. Das vorrangige Ziel der analytischen Arbeit mit homosexuellen Patienten hat sich in den letzten Jahrzehnten verändert, denn der Analytiker hat nicht mehr das Ziel, die Homosexualität an sich zu »heilen«, sondern statt dessen die Konflikte und Phantasien des Homosexuellen zu analysieren, die ihn veranlaßt haben, um analytische Hilfe nachzusuchen – einschließlich seiner aus der Homosexualität erwachsenden Konflikte.

tige Rolle für die Identifizierung die massive Versagung des Ödipuskomplexes spielen muß; und es ist tatsächlich so. Sämtliche Identifizierungen mit den Eltern werden in der phallischen Periode gewaltig verstärkt und erweitert und gewinnen aufgrund dieses entscheidenden
Vorgangs eine gewisse Unabhängigkeit. Die Gruppe der Identifizierungen, die wir unter der Bezeichnung »Über-Ich« zusammenfassen,
wird in dieser Phase mehr oder weniger vervollständigt. Was später
noch hinzukommt, ist im Vergleich dazu nebensächlich. Das bedeutet,
daß der Ablauf des Ödipuskomplexes und die Errichtung eines unab-
hängigen Über-Ichs (nämlich eines Über-Ichs, das nicht mehr fortwährend mit der Umwelt in Verbindung steht) zusammentreffen. Jenen
Kindern, die den Ödipuskomplex nicht hinter sich gebracht haben, im
Kampf mit den Eltern irgendwo steckengeblieben sind, gelingt es nicht,
diese endgültige Unabhängigkeit des Über-Ichs zu erwerben. Das
bedeutet, daß die Forderungen und Befehle ihres Über-Ichs sehr viel
länger, als es normalerweise der Fall ist, an die Umgebung, an die
ursprünglichen, äußeren Objekte gebunden bleiben.

Es ist natürlich immer gefährlich, die Worte »normal« und »abnormal« zu benutzen, weil das, was ich als den einfachen Ödipuskomplex
und seine Variationen beschrieben habe, immer im Bereich des Normalen, wie wir sagen könnten, liegt. Da die Bisexualität normal und unvermeidlich ist, sind die umgekehrten Varianten des Ödipuskomplexes
ebenso normal und unvermeidlich. Da die normale Entwicklung so
viele Phasen, Stufen, Ebenen durchläuft, die Triebenergie durch vielerlei Gründe irgendwo auf dem langen Weg zur Erwachsenheit zurückgehalten werden kann, gibt es in dieser normalen Entwicklung unzählige Möglichkeiten, Abnormitäten zu erwerben. Wir haben die
Aufgabe, den Eltern dabei zu helfen, das Kind durch diese Phasen hindurchzugeleiten, und das ist eine gewaltige Aufgabe. Es ist für uns alle
ein Problem, zu wissen, wie sehr es den Eltern helfen würde, wenn sie
über all diese Entwicklungsstufen informiert wären, wie sehr dieses
Wissen es ihnen erleichtern würde, das Kind von einer Stufe zur nächsten zu geleiten oder zumindest auf Verzögerungen angemessen zu reagieren.

Wie Sie gesehen haben, spielen zwei wesentliche Faktoren für das
Zustandekommen einer abnormalen Entwicklung eine Rolle. In jeder
einzelnen Phase besteht die Gefahr, daß die Triebbefriedigung in zu
hohem oder zu geringem Maß erfolgt, was dazu führt, daß die Triebenergie – also die Libido oder die aggressive Energie – an diese Phase

fixiert bleibt, und wann immer auf einer höheren Ebene eine Schwierigkeit auftaucht, wird das Kind auf jene Entwicklungsebene zurückgezogen, auf der eine solche Fixierung stattgefunden hat. Um es analytisch auszudrücken: Die großen Gefahren in der Entwicklung eines Kindes sind die Fixierungen und die Regressionen. Was wir uns für das Kind erhoffen, ist eine planmäßige, fortschreitende Bewältigung all der Schwierigkeiten, die auf dem Weg bereitliegen, bis es die letzte Stufe des erwachsenen Trieblebens erreicht hat, und zwar sowohl was die Triebe anbelangt als auch im Hinblick auf die Objekte, an denen diese Triebe ihre Befriedigung finden sollten. Es sollte möglich sein, den Eltern und den Lehrern die Aufgabe, das Kind durch diese Schwierigkeiten der Entwicklung hindurchzugeleiten, zu übertragen. Gegenwärtig sieht es so aus, als sei man in ungeheurem Maß auf die Hilfe von Psychiatern, Analytikern usw. angewiesen, aber vielleicht liegt dies nur daran, daß Eltern und Lehrer über diese Dinge nicht hinreichend unterrichtet sind.

Uns bleiben noch zwei Veranstaltungen, in denen ich Ihnen, als zukünftigen Eltern, eingehender zeigen werde, wie das Kind mit diesen gefährlichen Trieben tatsächlich fertig wird, welche Methoden eingesetzt werden, um eine reibungslose Entwicklung zu gewährleisten, und welche Möglichkeiten die Umwelt hat, sie zu beeinflussen.

Achte Vorlesung
Die Angst des Ichs und ihre Auswirkungen

Wir sollten am besten wieder mit den Fragen beginnen. Nach der letzten Vorlesung gab es sehr viele, so daß ich sie zusammenfassen und auf einige wenige komprimieren mußte. Zum Teil betrafen sie weiterführende Aspekte des Themas, die ich sicherlich in den Vortrag selbst aufgenommen hätte, wenn ich nicht unter Zeitdruck stünde. Zum Beispiel stellten mehrere Zuhörer die Frage, was geschieht, wenn der familiäre Rahmen unvollständig ist. Wir haben über die normale Entwicklung so gesprochen, als ob die Anwesenheit des Vaters oder der Mutter unweigerlicher Bestandteil dieses Rahmens sei, aber natürlich wissen wir aus unserer klinischen und sozialen Erfahrung, daß dies keineswegs immer der Fall ist.

Es gibt viele Kinder, die die Phasen ihrer Entwicklung ohne Vater oder ohne Mutter durchlaufen, die ihren Vater oder ihre Mutter mitten in ihrer Entwicklung verlieren oder beinahe von Anfang an mit nur einem Elternteil aufwachsen. Diese Bedingungen sind natürlich untersucht worden und haben unsere Kenntnisse über die normalen familiären Bedingungen sogar um höchst wertvolle Einsichten bereichert. Es besteht kein Zweifel, daß sich bestimmte Aspekte des Ödipuskomplexes in vielerlei Weise verändern, wenn Vater oder Mutter fehlen. Gleichzeitig aber ist es überraschend zu sehen, welch große Anstrengungen das Kind unternimmt, um den familiären Rahmen zu vervollständigen und sich den fehlenden Elternteil – oder genauer gesagt, einen Ersatz für den fehlenden Elternteil – selbst irgendwoher zu beschaffen. Uneheliche Kinder z. B., die mit der Mutter und ohne Vater aufwachsen, empfinden nicht nur das soziale Stigma, das dieser Situation in vielen Gesellschaften noch immer anhaftet.

Die Jungen nehmen in der ödipalen Phase auch sehr scharf wahr, daß es keine Vaterfigur gibt, nach der sie einerseits ihre allmählich zutage tretende Männlichkeit bilden und mit der sie andererseits konkurrieren könnten. Statt nun froh darüber zu sein, auf diese Weise einen wesentlich ungehinderteren Zugang zur Mutter zu haben als das normale Kind, suchen sie überall nach Vaterfiguren und bringen ihre Mütter, was ich oft gesehen habe, in ungemeine Verlegenheit, indem sie ihnen all die gutaussehenden Männer, denen sie beim Spazierengehen usw. begegnen, als Papa andienen wollen. Sie drängen ihre Mütter zu heiraten, ihnen genau jenes Objekt zur Verfügung zu stellen, zu dem sie kurze Zeit später in Rivalität und Konkurrenz treten werden. Dies ist ein ganz besonderer Faktor, der zu der Frage Anlaß gibt, ob unsere Kinder innerlich in irgendeiner Weise auf die Familienkonstellation und den Ödipuskomplex vorbereitet sind – diese Haltungen können als solche nicht ererbt sein, aber wir wissen nicht, ob irgend etwas im Kind auf sie vorbereitet ist und die Funktion hat, die ödipalen Gefühle auszulösen, weil sie sich in der kulturellen Umgebung über so viele Generationen wiederholt haben.

Dieses Problem ist immer wieder von den verschiedensten Seiten betrachtet worden. Ich kann Ihnen von einer Beobachtung berichten, die auf eigener Erfahrung beruht und zeigt, daß Kinder, die aus irgendeinem Grund aus dem Familienverband herausgenommen und in einer Gemeinschaftseinrichtung untergebracht werden, lange Zeit brauchen, um sich an die Verhältnisse in der Gemeinschaft zu gewöhnen. Wenn Kinder jedoch in einer Gemeinschaftseinrichtung erzogen und dann durch Adoption in eine Familie aufgenommen werden, dauert es unter günstigen Bedingungen nicht lange, bis sie sich die familiären Haltungen und sogar die eifersüchtigen Gefühle des Ödipuskomplexes zu eigen machen, als ob die Familienkonstellation ihrem Wesen sehr viel eher entspräche. Wer sich für solche Fragen interessiert, wird Gelegenheit in Hülle und Fülle finden, die Beispiele für Abweichungen von den normalen Stufen, die in der Literatur beschrieben werden, zu studieren.

Irgend jemand hat gefragt, unter welchen Bedingungen das Über-Ich sich im späteren Leben verändert; und der Fragesteller selbst nennt zwei Bedingungen – man weiß sehr wohl, daß sich das Über-Ich durch die psychoanalytische Behandlung verändern kann, und man weiß auch, daß die Über-Ich-Forderungen und die mit ihnen einhergehenden Schuldgefühle sich nach einer Elektroschockbehandlung oder einer Insulinschockbehandlung verändern; und er wirft die beiden Situationen in einen Topf, was mir nicht so ganz gefällt.

Es stimmt, daß in beiden Situationen das Gleichgewicht der Persönlichkeit beeinflußt wird, aber dies geschieht aus ganz unterschiedlichen Gründen. Wenn Sie sich daran erinnern, auf welche Weise aus den allerersten Identifizierungen des Kindes das Über-Ich errichtet wird, dann werden Sie verstehen, weshalb die psychoanalytische Behandlung das Über-Ich modifizieren kann, indem sie das Individuum in jene allererste Zeit des Lebens zurückführt, indem sie die Objektbeziehungen wiederbelebt, die diese Identifizierungen ermöglicht haben, und auf diese Weise bis zum Ursprung der Identifizierungen zurückkehrt, aus dem sie hervorgegangen sind. So verfährt die Psychoanalyse. Während bei der Schockbehandlung und den durch sie verursachten Persönlichkeitsveränderungen etwas ganz anderes geschieht, auch wenn die psychologischen Implikationen noch nie umfassend dargestellt worden sind; aber es kommt zu einer Art leichter (manchmal auch schwerer) Depersonalisierung des Individuums: Die Ängste, die Schuldgefühle, die Wünsche, Bedürfnisse, die Sorgen, die vor der Schockbehandlung in dieser abnormalen Persönlichkeit bestanden, existieren weiterhin, aber sie sind irgendwie gemildert, sie sind weniger wichtig, sie werden weniger intensiv empfunden. Es scheint sich um eine quantitative Veränderung zu handeln, und sie hat nicht nur Auswirkungen auf das Über-Ich, sie beeinflußt sämtliche Teile der Persönlichkeit. Es ist also insgesamt etwas völlig anderes.

Jemand fragte, ob Selbstliebe und Objektliebe, also Narzißmus und Objektliebe, einander notwendig widersprechen. Sind sie nicht immer gleichzeitig vorhanden? Das hat mir Sorge bereitet, da ich Ihnen womöglich einen falschen Eindruck vermittelt habe. Natürlich bestehen sie gleichzeitig. Ein Individuum, das nur über Selbstliebe verfügt, gibt es nicht – vielleicht mit Ausnahme des schwerkranken Schizophrenen, der alle Liebe von der äußeren Welt zurückgezogen hat*; und es gibt auch keinen Menschen, der überhaupt keine Selbstliebe, keinen Narzißmus mehr besitzt, der die äußere Welt mit seiner gesamten libidinösen Energie besetzt hat. Beide existieren immer Seite an Seite, und nur das Verhältnis zwischen ihnen verändert sich.

Aber es gibt einen Zustand im Leben – ich hatte keine Zeit, dies früher zu erwähnen –, der nicht abnormal, zumindest nicht pathologisch ist, in dem die Persönlichkeit beinahe ihren gesamten Narzißmus eingebüßt und in Objektliebe umgewandelt hat. Wahrscheinlich wissen Sie, um welchen Zustand es sich handelt – es ist der Zustand der Verliebtheit, in dem alle Gefühle, die ein normales Individuum gewöhnlich für sich selbst verwendet, auf ein spezifisches Objekt in der Außenwelt übergehen, auf den Partner, in den man verliebt ist. Zu solchen Zeiten

---

* Der Schizophrene ist narzißtisch im *deskriptiven* Sinn. Auch wenn er sich von der Außenwelt abgewandt haben mag, sind die in seinem Phantasieleben und seinen Wahnvorstellungen repräsentierten Objekte hochgradig besetzt.

haben die Menschen das Gefühl, völlig frei von jedem Egoismus, Narzißmus, jedem Interesse für ihre eigene Persönlichkeit zu sein; alles fließt auf die andere Person über. Deshalb ist der Verlust eines solchen Partners so ungeheuer schmerzhaft, denn er läßt den Menschen vorübergehend entleert, bar jeder Selbstachtung zurück; im Laufe eines sehr schmerzhaften Prozesses muß er sich selbst wieder mit Liebe besetzen, um das Gefühl zurückzugewinnen, jemand zu sein, auch wenn der Partner ihn verlassen hat. Es handelt sich also um einen abnormalen, aber nicht pathologischen Zustand.

Und nun zu einem anderen Thema. Einige Fragen enthielten einen für meine Ohren etwas ärgerlichen Unterton, aber ich muß davon ausgehen, daß die Verärgerung nicht gegen mich gerichtet ist, da ich nur diejenige bin, die Ihnen diese Dinge beschreibt und erörtert, sondern den Komplikationen, den ungeheuren Komplikationen des menschlichen Lebens, zuzuschreiben ist. Wenn wir hören, wie schwer es für ein Kind ist, die Stufen seiner Entwicklung zu durchlaufen, all die Gefahren, die auf dem Weg liegen, zu umgehen, sich nirgendwo zurückhalten oder auf frühere Entwicklungsstufen zurückwerfen zu lassen, seine Männlichkeit zu bewahren oder Weiblichkeit zu entwickeln, um schließlich das erwünschte Ziel, ein erwachsenes Triebleben, zu erreichen, dann ist es sehr verständlich, daß man beinahe den Mut verliert. Es ist auch sehr verständlich, daß viele Menschen sich fragen, wie es Eltern überhaupt je möglich sein kann, ihre Kinder durch diese Wildnis der Triebe, Wünsche, Bedürfnisse und Gefahren hindurchzuleiten. Eine solche Aufgabe setzt nicht nur eine gewisse Kenntnis all dieser Dinge voraus; sie verlangt den Eltern eine Objektivität ab, über die sie nicht verfügen können, weil eben diese Triebe des Kindes gegen sie selbst gerichtet sind.

Die Mutter ist der ersehnte Partner des Kindes, die Mutter ist zugleich das Objekt seiner Aggression, die Mutter ist diejenige, die das Kind gleichzeitig oder in sehr rascher Aufeinanderfolge befriedigen und ihm seine Wünsche versagen muß. Wo bleibt der Mutter, die den Bedürfnissen des Kindes und ihrer eigenen Unsicherheit ausgesetzt ist, überhaupt die Chance, das Kind zu leiten? Ein solches Gefühl stellt sich sehr häufig ein, wenn man diese Dinge genau betrachtet, aber es ist auch der Grund, weshalb man sich, als Vortragender, zuweilen geneigt fühlt, die Dinge einfacher und optimistischer darzustellen, als ich es getan habe. Aber ich glaube nicht, daß man den Zuhörern mit solchen Vereinfachungen einen Dienst erweist. Schließlich müssen sie die Komplikationen des Lebens kennen, weil dies die einzige Chance ist, sie zu meistern. Das führt uns zu der nächsten Frage.

Wenn der äußere Beobachter und die Person, die für das Kind verantwortlich ist, tatsächlich die Möglichkeit haben, den noch unfertigen Menschen an sein Ziel zu führen – das ein doppeltes ist, ein quantitatives und ein qualitatives –, wie sehen seine Hilfsmittel dann aus? Das Ziel, um noch einmal darauf zurückzukommen, ist sowohl ein quantitatives als auch ein qualitatives, weil einerseits die Dringlichkeit der Triebaktivität insgesamt reduziert werden muß, während das Kind heranwächst, und andererseits die qualitativen Veränderungen, in Einklang mit den Entwicklungsebenen, von der prägenitalen Sexualität hin zur erwachsenen genitalen Sexualität erfolgen müssen. Beide Ziele sind nur zu erreichen, indem eine große Vielfalt an Umwandlungen der Triebaktivität ins Leben des Kindes eingebracht wird; und diese Umwandlung der Triebaktivität fällt in den Aufgabenbereich der Eltern.

Weshalb aber ist das Kind dem elterlichen Einfluß überhaupt zugänglich? Ich denke, daß ich Sie für ein sehr gründliches Verständnis dieses speziellen Punktes vorbereitet habe, als ich die lange Periode der Abhängigkeit beschrieb, die der Mensch durchlaufen muß, jene lange Periode, in der die Triebbefriedigung, die Erlangung der Wunscherfüllung, der Lustgewinn und die Spannungssenkung auf die Hilfe der Außenwelt angewiesen sind. Das Kind ist viele Jahre lang und im ersten Jahr ausschließlich ein Triebwesen, es ist von den Eltern, von der Mutter, vollkommen abhängig. Und ebendiese Schlüsselstellung, die der Mutter in bezug auf die Triebbefriedigung zukommt, gibt ihr die Chance, das Kind zu beeinflussen.

Wir haben nun die Aufgabe, diese Möglichkeiten, das Kind zu beeinflussen, eingehender zu untersuchen. Und ich denke, daß Sie sehr überrascht sein werden, wenn Sie hören, wer in diesem Zusammenhang der stärkste Verbündete der Eltern ist: Es ist die Fähigkeit des Kindes, Angst zu entwickeln. Man hat die Angst immer als den ärgsten Feind des Menschen betrachtet, und immer ist es der größte Wunsch der Eltern gewesen, ihre Kinder auf diese oder jene Weise von der Angst zu befreien, die Intensität ihrer Angst zu lindern. Gelungen ist ihnen dies nie, aber sie haben es immer angestrebt. Wie kann ich also sagen, daß die Angst in der Entwicklung des Kindes von solchem Nutzen sei? Sie wissen, daß es bei genauerer Betrachtung nicht stimmt, wenn wir sagen, daß die Eltern sich größte Mühe geben, ihren Kindern die Angst zu nehmen. Wir brauchen nur daran zu denken, daß Eltern ihre Kinder lehren, sich vor bestimmten Dingen zu fürchten; in diesem Punkt sind sie während der ersten drei, vier, fünf Lebensjahre des Kindes sogar sehr konsequent.

Dieselben Eltern, die ihren Kindern Angst nehmen wollen, haben also die Aufgabe, ihnen Angst einzuflößen, wo es um die realen Gefahren des Lebens geht. Ihnen ist vermutlich bewußt, daß kleine Kinder, selbst wenn sie sich bereits selbständig fortbewegen können, keine Vorstellung von den realen Gefahren in der Welt haben. Sie wissen nicht, daß sie sich umbringen können, wenn sie aus großer Höhe herunterfallen, daß sie sich gefährlich verletzen können, wenn sie mit scharfen Gegenständen hantieren, daß sie sich verbrennen können, wenn sie dem Feuer zu nahe kommen, daß sie ernsthaft verletzt werden können, wenn sie sich einem großen Tier nähern. All diese Dinge muß man ihnen beibringen. Eltern sind sehr stolz, wenn ihre Kleinkinder keine Furcht haben, zugleich aber sind sie darüber sehr besorgt, weil ihre Furchtlosigkeit die Kinder in Gefahr bringen kann.

Es ist ein unverzichtbarer Bestandteil der Erziehung eines jeden Kindes, es mit den realen Gefahren, die es umgeben, vertraut zu machen. Also geben die Eltern sich große Mühe, ihm zu zeigen, daß das Feuer Verbrennungen verursachen kann, daß das Herunterspringen aus großen Höhen Verletzungen zur Folge hat usw. Wenn das Kind die Gefahr verstanden hat und diese Situationen fürchtet, hat es einen wichtigen Schritt in seiner Ich-Entwicklung getan, weil es nun in der Lage ist, mit den Gefahren umzugehen. Wenn es aber keine Angst hat, kann es nicht angemessen auf sie reagieren. An diesem einfachen Beispiel (Sie werden ahnen, daß uns eigentlich ein anderes vorschwebt) können Sie sehen, inwiefern Furcht von Nutzen sein kann. Die Furcht vor realen Gefahren schützt das Kind, weil es sein Verhalten an ihr orientiert.

Aber nun wollen wir von dieser sehr einfachen Angst vor realen Gefahren zu den komplizierteren psychologischen Gefahren und den Ängsten, die das Kind vor ihnen entwickelt, übergehen. Es gibt noch eine Gefahr, die man dem Kind nicht beibringen muß, die von Anfang an in ihm vorhanden ist. Das ist die Gefahr, den Kontakt zu den Erwachsenen zu verlieren, die sich um das Kind kümmern und es versorgen. Der Säugling im ersten Lebensjahr hat große Angst, wenn er die Mutter nicht sieht, weil er sie jeden Augenblick brauchen könnte, und dann wäre sie nicht da, um seine Wünsche zu erfüllen. Deshalb macht ihn die Abwesenheit der Mutter sehr ängstlich. Ein wenig später entwickelt der Säugling die gleiche Angst vor der Gefahr, sich die Mutter durch irgendeine Verhaltensweise zu entfremden, so daß sie ihm grollt und ihre Liebe entzieht. Auch dies würde ihn unsäglichen Entbehrungen aussetzen. Ebensosehr fürchtet der Säugling, daß diese mächtigen Erwachsenen, denen, wie er glaubt, nichts unmöglich ist, sich auf irgendeine Weise an ihm rächen werden, wenn er ihnen mißfällt – ihn bestrafen werden, wie wir es nennen. Und diese Ängste, die auch Ängste vor einer äußeren Realität darstellen, aber durch die Phantasien, die sich im Innern des Kindes um sie ranken, erheblich vergrößert werden, muß man ihm nicht beibringen. Sie entwickeln sich im Kind automatisch, weil es zur Erfüllung seiner Wünsche von der erwachsenen Welt abhängig ist.

Es wäre mir lieb, wenn Sie diese Gruppe von Ängsten, die wir hier kennengelernt haben, mehr oder weniger als Einheit betrachten würden. All die Gefahren, die ich beschrieben habe und die das Kind bedrohen, existieren in der Realität tatsächlich. Die Trennung von der Mutter ist möglich und findet regelmäßig statt. Der Zorn der Mutter ist möglich und taucht ebenfalls regelmäßig auf. Auch daß die Mutter ihr Interesse vom Kind zurückzieht, liegt im Rahmen des Möglichen und geschieht, für das Empfinden des Kindes, nur zu häufig. Schon wenn die Mutter sich abwendet, wenn die Mutter mit einem anderen Kind beschäftigt ist, hat es das Gefühl, ihre Liebe und ihr Interesse verloren zu haben. Das sind drei große Gefahren, die dem Kind von seiten der äußeren Realität drohen; ihnen können wir jene Gefahren hinzufügen, die nichts mit den Vater- und Mutterfiguren zu tun haben, die es vielmehr nach und nach kennenlernen muß. Die Realität ist für das Kind alles in allem sehr gefährlich und birgt unzählige Möglichkeiten, zu Schaden zu kommen.

Wenn ich sage, das Kind sei bedroht, meine ich damit nicht wirklich den gesamten Organismus, weil, wie Sie aus unseren früheren Diskussionen wissen, das Es keine Möglichkeit hat, solche Dinge wahrzunehmen; Sie wissen auch, daß das Es nach Wunscherfüllung strebt, ohne sich um die Gefahren, die von außen drohen, zu scheren. Der Anteil des Kindes, der organisiert ist und die Aufgabe hat, Gefahren zu erkennen, ist das Ich. Aus diesem Grund hat das Ich alles getan, um die Außenwelt möglichst gut kennenzulernen; es hat gelernt, Gefahren in der Umwelt zu entdecken und die Wunscherfüllung der Es-Strebungen entsprechend zu steuern. Die Gefahr – und die Fähigkeit des Kindes, sie wahrzunehmen – spielt somit während des ganzen Lebens eine sehr wichtige Rolle. Die Reaktion auf die Wahrnehmung einer Gefahr ist Angst; das

Kind fürchtet sich. Es ist gleichgültig, ob die Furcht des Kindes angemessen ist. Für gewöhnlich ist die Furcht nicht angemessen.

Das Kind fürchtet sich zum Beispiel vor einem brennenden Feuer oder vor einer großen Höhe viel weniger als vor dem Zorn der Mutter. Der Zorn der Mutter scheint weit mehr schreckliche Möglichkeiten zu enthalten – als ob sie das Kind im nächsten Moment berauben, ihm vielleicht Teile seines Körpers wegnehmen oder es kastrieren wollte; das hängt von den augenblicklichen Phantasien ab. Somit mag die Furcht der augenblicklichen Gefahr vielleicht nicht entsprechen, aber sie entspricht der Bedeutung, die jene Person der Außenwelt im Seelenleben des Kindes besitzt. Wir fassen diese Ängste unter der Bezeichnung »Realangst« oder »Angst vor der Außenwelt« zusammen. Ihr Auftreten ist normal, aber Sie können sehen, welch gefährliche Macht in den Händen der Eltern liegt.

Die Beschreibung, die ich Ihnen beim letzten Mal gegeben habe, könnte leicht die Annahme wecken, daß die Eltern keine Macht über das Kind besitzen, aber das trifft nicht zu. Da die Eltern für das Kind eine solche Gefahr darstellen, haben sie ungeheure Macht, und in der Vergangenheit machten Eltern sich die Angst des Kindes, ihre Liebe zu verlieren und bestraft zu werden, zunutze, um die Aktivitäten des Kindes voll und ganz zu steuern – eine gefährliche Handlungsweise. In gewissem Grad müssen die Eltern diese Steuerung übernehmen, aber wenn sie ihre Macht ausnutzen, intensivieren sich die Ängste erheblich, und dann werden die Aktivitäten des Kindes nicht mehr vom Ich gelenkt (obwohl das Ich wachsende Stärke und Wahrnehmungsfähigkeit entwickelt), sondern von der unmittelbaren Angst vor den Eltern. Hier liegt eine der Quellen, aus denen die pädagogischen Bemühungen ihre Macht beziehen. Jeder, der sich sehr intensiv für Kinder interessiert, wird davon profitieren, wenn er auf diese inneren Angstreaktionen achtet. Es steht außer Zweifel, daß Kinder unter dem Eindruck der Angst vor der Außenwelt ihr Verhalten ändern und in der Umwandlung der Triebe selbst sogar sehr weit gehen werden; in diesem Zusammenhang aber gehen sie darin unter Umständen viel zu weit, und das bedeutet, wie Sie später verstehen werden, daß diese Kinder in ihren Aktivitäten zu starke Hemmungen, eine zu große Verhaltenheit und Beherrschtheit entwickeln.

Nun, das würde vollkommen reichen, gäbe es außer den Gefahren, die von den Elternfiguren in der Umwelt drohen, nicht noch weitere Gefahren; aber sie bilden erst den Anfang. Nun ist es nützlich, sich einen anderen Teil dieser Vorträge ins Gedächtnis zurückzurufen – nämlich unsere Diskussion der Errichtung des Über-Ichs und der Identifizierung mit den Eltern. Wir müssen uns klarmachen, daß von einem bestimmten Zeitpunkt an die Elternfiguren nicht mehr nur eine Existenz in der Außenwelt führen, sondern gleichzeitig irgendwo im Ich repräsentiert werden, in jenem Teil, der anschließend in gewissem Umfang vom Ich abgetrennt wird – dem Teil, den wir als Über-Ich bezeichnen. Und das Ich identifiziert sich auch mit der Bedrohung, die von den Eltern in der Außenwelt repräsentiert wird, so daß sich im Ich des Kindes nun eine sehr erschreckende Figur befindet – das Über-Ich –, deren bedrohlichen Anteil wir als »Gewissen« bezeichnen.

Dieses Gewissen hat die Funktion, dem Kind beständig das drohende Mißfallen vor Augen zu führen, das die Eltern in Form einer äußerlichen Bedrohung repräsentiert hatten. Nur ist das Gewissen für das Kind viel schwerer zu ertragen als die Angst vor den Eltern; diese Angstbeziehung zu den Eltern besitzt nämlich eine rettende Eigenschaft. In Abwesenheit der Eltern fühlt sich das Kind verhältnismäßig frei von jener Angst. Die Angst vor den Eltern ist, sobald sie ins Über-Ich aufgenommen wird, um so größer, weil das Über-Ich das Kind nicht nur kritisiert und straft, sondern ihm schon mit Bestrafung droht, wenn es bestimmte Gedanken denkt. Stellen wir uns vor, daß ein Kind auf der ödipalen Stufe Todeswünsche gegen einen Elternteil, sagen wir, den Vater, entwickelt. Der Vater wird darauf nur reagieren, wenn diese Todeswünsche in feindseligen Aktionen zum Ausdruck kommen. Wenn das Kind sie in seinen Gedanken still mit sich herumträgt, wird der Vater nicht reagieren, weil er sie gar nicht kennt; in dem Maße aber, in dem das Über-Ich und das Gewissen des Kindes zu diesem Zeitpunkt aktiv sind, wird schon der bloße Gedanke vom Gewissen überprüft und kritisiert. Es ist so, als hätte das Kind seine Todeswünsche in die Tat umgesetzt. Sein Gewissen sorgt dafür, daß es sich niedergeschlagen fühlt, weil es einen solchen Wunsch gegenüber einem Elternteil hegen kann.

Das Kind entwickelt nun eine Angst vor dem Über-Ich, vor den internalisierten Eltern, die viel schlimmer als die Angst vor den realen Eltern und ständig vorhanden ist; und für diese Angst, für die Kritik, die das Über-Ich am Ich übt, benutzen wir den Begriff »Schuldgefühl«. Wenn Sie Psychoanalytiker von den Schuldgefühlen des Kindes sprechen hören, ist genau das gemeint – das Kind hat bestimmte, aus seinen Trieben hergeleitete Wünsche, die es möglicherweise überhaupt nicht in die Tat umsetzt; aber sie sind für das Über-Ich wahrnehmbar und werden von ihm kritisiert, so daß das Ich des Kindes jene Angst empfindet, die wir als Schuldgefühl bezeichnen. Wir haben nun also ein Kind, das nicht nur Angst vor den Eltern entwickelt hat, sondern sich auch innerlich schuldig fühlt.

Die Entwicklung des Schuldgefühls, eine direkte Folge der Errichtung des Über-Ichs (und deshalb der Beziehung zu den Eltern), folgt der Regel, die wir beim letzten Mal diskutiert haben. Seine Stärke wird einerseits von der früheren Liebe zu den Eltern und andererseits von dem Ausmaß der Aggression bestimmt, die nicht gegen die Eltern verwendet wird. Somit können Schuldgefühle ungeheuer stark und quälend sein, selbst wenn die Eltern im Vergleich dazu eher tolerant und nachgiebig waren. Die Kontrolle des kindlichen Verhaltens hat, mit der Bildung des Über-Ichs, einen ungeheuren Schritt nach vorn gemacht, weil die Aktivitäten des Kindes nun, ob die Eltern anwesend sind oder nicht oder ob die von der Umgebung auferlegten Vorschriften nachgiebig oder streng sind, vom Ich nach Maßgabe dieser Schuldgefühle gesteuert werden.

Sobald ein Gewissen verankert ist, sind es die Schuldgefühle, die das Kind drängen, auf die Triebbefriedigung zu verzichten oder sie zu modifizieren. Das Kind nimmt dies nun selbst wahr, und die Eltern können einen Schritt zurücktreten. Natürlich machen viele Eltern den Fehler, diese innerliche Veränderung ihrer Kinder nicht zu beachten, so daß sie sie weiterhin kontrollieren, ihnen drohen und ihr Verhalten steuern, wenn die Steuerung schon längst dem Gewissen des Kindes überlassen sein sollte.

Wir hatten bereits eine Angst, die sog. Realangst, kennengelernt, und nun kommt die Angst vor dem Über-Ich hinzu – nämlich das Schuldgefühl. Man könnte meinen, daß es zur Triebbefriedigung – oder zumindest zur ungehinderten Triebbefriedigung – nun nicht mehr viele Möglichkeiten gibt, aber die Geschichte geht noch weiter. Das Ich nimmt innerhalb der Psyche einen zentralen Platz ein und orientiert sich von hier aus nach drei Seiten. Es entwickelt ein außerordentliches Gespür für drohende Gefahren – Gefahren aus der Außenwelt, Gefahren, die vom Über-Ich drohen, und Gefahren von einer dritten Seite, der wir uns nun zuwenden müssen –, ich meine die Gefahr, die von den Trieben selbst ausgeht.

Das Ich nimmt die ins Bewußtsein gelangenden Repräsentanzen des Trieblebens außerordentlich aufmerksam wahr; und natürlich ist das

Ich den Trieben gegenüber sehr mißtrauisch. Es gibt freilich bestimmte Triebaktivitäten, die vom Ich gebilligt und folglich, ohne Angst zu erregen, der Befriedigung zugeführt werden – in solchen Fällen erfüllt das Ich die Funktion, in deren Dienst es, als Gehilfe des Es, ursprünglich gebildet worden war. Aber nun kommen wir zu all jenen Situationen, in denen das Ich, aufgrund seiner Ängste, seine Funktion als Gehilfe des Es nicht länger erfüllt. Während es die Triebaktivitäten wahrnimmt, nimmt das Ich zugleich auch wahr, welche Schwierigkeiten aus ihnen erwachsen könnten. Es gibt bestimmte Triebe, die, wie das Ich weiß, von der Außenwelt verboten sind. Eine Befriedigung würde sofort die Angst vor der Außenwelt wecken, weil das Kind sich selbst in Gefahr bringen, einer anderen Person mißfallen, irgendeine Form der Bestrafung auf sich ziehen würde. Deshalb stellen diese Triebaktivitäten für das Ich Gefahren dar. In den prägenitalen Phasen entspringen die Gefahren für gewöhnlich den Aktivitäten, die noch aus einer früheren Phase übriggeblieben sind; in der ödipalen Phase sind es neben den verbotenen ödipalen Strebungen, die das Kind mit Vater oder Mutter in Konflikt geraten lassen würden, auch die Todeswünsche, denn das Kind würde durch ihre Realisierung seiner begehrtesten Objekte beraubt.

Aufgrund der Angst vor den Es-Trieben bezieht das Ich Stellung – eine sehr feindselige Stellung – gegen die im Innern der Persönlichkeit wirkende Triebaktivität und entwickelt eine sehr spezifische Angst vor den Trieben, eine Angst vor dem Es, vor den Wünschen und Phantasien (d. h. den Bildern), die im Es enthalten sind. Von dieser Angst haben Sie schon gehört: Sie wird im allgemeinen als »neurotische Angst« bezeichnet. Nehmen Sie z. B. ein bestimmtes Kind, das in einer Fallgeschichte, die Sie wahrscheinlich kennen, beschrieben worden ist: den »kleinen Hans«[*], der eine solche Angst vor Pferden hatte, daß er es nicht mehr wagte, auf die Straße zu gehen, weil er fürchtete, von einem Pferd gebissen zu werden.

Wenn man Ihnen diesen Fall zur Beurteilung vorlegte, würden Sie vielleicht denken: »O ja, das ist ein Kind, das bereits über eine gewisse Kenntnis der äußeren Realität verfügt. Er weiß, daß große Tiere gefährlich sein können.« Mitnichten! Eigentlich hat er keine Angst vor den Pferden. Die Pferde repräsentieren für ihn etwas, was mit seinem Vater

---

[*] Von Freud 1909 in seiner »Analyse der Phobie eines fünfjährigen Knaben« beschrieben (1909b, G. W., Bd. 7).

zusammenhängt, und weil seine ödipalen Wünsche ihn so zornig auf den Vater machen, glaubt er, daß dieser über seinen Zorn voll im Bilde sein müsse (sein Gewissen sagt ihm, daß man derartige Wünsche gegen den Vater nicht hegen sollte) und ihn für sie bestrafen wird. Er steht also zum Teil unter dem Einfluß der Angst vor dem Vater, zum Teil unter dem Einfluß seiner Schuldgefühle – nämlich seiner Gewissensangst. Diese beiden Gefahren wecken in ihm große Angst vor seinem eigenen Wunsch, die Mutter für sich allein zu besitzen. Und nun kann sich die ganze Geschichte in einem Symptom Ausdruck verschaffen, in einer Phobie, die ihn daran hindert, auf die Straße zu gehen; kurzum, in Form einer, wie wir es nennen, »infantilen Neurose«. Und wann immer ein Kind neurotische Symptome solcher Art entwickelt, sind sie ausnahmslos von dieser Angst vor den Triebstrebungen bestimmt, die wir als »neurotische Angst« bezeichnen.

Nun sollten wir eigentlich am Ende der Geschichte angelangt sein – ich denke, daß unser Kind mittlerweile genügend Ängste entwickelt hat. Aber es gibt noch einen weiteren Grund für die Angst des Kindes. Ich habe beschrieben, wie mächtig das Es und wie ungeheuer klein und machtlos im Vergleich dazu das Ich ist. Es bezieht seine Stärke aus den Es-Trieben; und zuweilen, wenn die Es-Wünsche plötzlich anwachsen, empfindet das Ich seine Situation als bedenklich. Es bekommt Angst vor der Quantität der Es-Wünsche, Angst, von innen überwältigt zu werden – trotz seiner Organisation, trotz seines Gewissens, seiner Schuldgefühle und seiner Wahrnehmung der äußeren Realität. Es hat Angst, zu irgendeiner Art von Gefühlsausbruch getrieben, von innen überrannt zu werden, einen Wutanfall zu produzieren, den wir, auf den älteren Menschen bezogen, als »Zornesausbruch« bezeichnen würden und der beim Erwachsenen womöglich zu einem Gewaltverbrechen führen könnte. Das Ich fürchtet, daß solche Ausbrüche durch einen plötzlichen, ungeheuren Anstieg verbotener Triebaktivität, die ins Ich durchbricht und es überwältigt, produziert werden könnten.

Es gibt also im Menschen eine bestimmte Form der Angst, die mit der Triebstärke zusammenhängt und in solchen Lebensphasen manifest wird, in denen die Stärke der Es-Wünsche aus irgendeinem Grund zunimmt: zum Beispiel auf dem Höhepunkt des Ödipuskomplexes, auf dem Höhepunkt der Adoleszenz und dann noch einmal im späteren Leben während des männlichen und weiblichen Klimakteriums. Die so produzierte Angst ist die unheilvollste Form der Angst. Wer sich dafür interessiert, kann sie an Patienten beobachten, die vor dem Ausbruch einer psychotischen Erkrankung stehen, einer anderen Form der Über-wältigung von innen her. Sie werden feststellen, daß diese Patienten Angst haben, die Intaktheit ihres Ichs zu verlieren und von ihrem Es-Inhalt überwältigt zu werden.

Wenn Sie sich die gesamte Situation nun noch einmal ansehen, wer-den Sie Ihre Ansicht, daß es im Grunde keine Möglichkeit zur Beein-flussung des Kindes gibt, daß die Triebaktivitäten ihren eigenen Weg gehen und die Chancen, sie von außen zu beeinflussen, nur sehr gering sind, vermutlich ändern. Sie werden das Bild als ganzes betrachten und dabei die entgegengesetzte Vorstellung im Kopf haben – daß diese Triebaktivitäten ungeheuer gefürchtet sind und angesichts der Ich-Ängste kaum überleben können. Und nun werden Sie vielleicht verste-hen, weshalb Eltern – zumindest solche, die es gut meinen – immer versucht haben, ihren Kindern die Angst zu nehmen, und weshalb es eines der höchsten Ideale der Menschen ist, ohne Angst zu leben.

Ich kenne das amerikanische Volkstum nicht, aber im europäischen Volkstum und Mythos haben wir eine Reihe von Märchen über Hel-den, die keine Angst kennen und jeder Gefahr trotzen, ohne sie als solche zu empfinden. Nun, das ist ein Idealzustand, den niemand erlan-gen kann, und natürlich wäre die Es-Aktivität des Menschen, der ihn erreichte, völlig unkontrolliert. Es ist also eine verzwickte Angelegen-heit.

Sie wissen, daß manche Eltern ungeheure Anstrengungen unternom-men haben, um die Realangst des Kindes zu mildern, indem sie den Kindern versicherten, ihnen niemals ihre Liebe zu entziehen. Sie tun dies, ganz gleich ob das Kind brav oder ungezogen ist; und sie werden das Kind niemals so bestrafen, daß es ihm schadet. Auf diese Weise ist es ihnen gelungen, die Angst des Kindes vor den Elternfiguren und der äußeren Umgebung zu mindern. Aber wissen Sie, was statt dessen ge-schah? Den Kindern fehlte die Orientierung, die ihre Angst vor den Eltern dem Es gegeben hatte, und fühlten sich ihren Es-Strebungen direkter ausgesetzt. Auf diese Weise glichen sie die Abschwächung ih-rer Realangst durch eine Steigerung der Es-Angst aus, ihrer Furcht vor dem Es; und damit waren sie ebenso ängstlich wie zuvor. Wenn Sie sich diese Kinder ansehen, die sehr tolerant und fortschrittlich erzogen wor-den sind, werden Sie merken, daß sie ebensoviel Angst entwickeln, viel-leicht zu etwas anderen Zeiten und aus etwas anderen Gründen. Bislang aber ist es uns nicht gelungen, die Angst im Leben des Kindes generell zu reduzieren.

Nun, all dies vermittelt ein grobes Bild davon, wie sich die Gefahren, die das Ich wahrnimmt, und die Ängste, die es erlebt, auf die Umwandlung der Triebe auswirken. Beim nächsten Mal möchte ich die Methoden beschreiben, die diesem Individuum in Gefahrsituationen zur Verfügung stehen, um zu untersuchen, wie das Kind unter dem Einfluß dieser Ängste mit seinen Trieben fertig wird.

Neunte Vorlesung
Verbote und Toleranz

Ich hätte mich gerne intensiver mit den sehr nützlichen Fragen beschäftigt, die ich zum Thema Abwehr erhalten habe. Ich wünschte, uns stünden einige Stunden mehr zur Verfügung. Dieser Möglichkeit hat uns Kolumbus beraubt.

Ich weiß auch, daß ich allzu stark zusammengefaßt und Ihnen vielleicht nicht deutlich genug die äußerst wichtige Tatsache vermittelt habe, daß die Triebe trotz ihrer gewaltigen Macht und Unnachgiebigkeit eine ausgleichende Eigenschaft besitzen – sie sind nämlich ungemein modifizierbar. Die Methoden, die der Persönlichkeit für solche Umwandlungen zur Verfügung stehen, bewirken die notwendigen Anpassungen an kulturelle Ziele, an die Anforderungen der Gesellschaft, auch wenn sie gleichzeitig die Funktionsfähigkeit der Persönlichkeit gefährden können. Ich wäre gern sehr viel ausführlicher auf die Tatsache eingegangen, daß die Triebumwandlung einerseits Voraussetzung für eine gesunde Gesellschaft ist und andererseits die individuelle psychische Gesundheit bedroht.

Einige Fragen aber muß ich beantworten. Jemand wollte wissen, ob eine Veränderung des Über-Ichs auch im späteren Leben noch möglich sei, was ja im Hinblick auf die ganze Frage der Abwehr so wichtig ist, da das Ich Abwehrmaßnahmen häufig unter der Herrschaft des Über-Ichs ergreift. Das ist eine Frage, die Sie in der Literatur gut verfolgen können. Dabei werden Sie feststellen, daß die Bildung des Über-Ichs im Anschluß an die Periode der frühen Kindheit, mit dem Untergang des Ödipuskomplexes, verhältnismäßig abgeschlossen ist. Das bedeutet, daß das Über-Ich ein gewisses – oder hohes – Maß an Unabhängigkeit von der Beziehung zu dem Objekt, von dem es sich herleitete, erworben hat. Natürlich erreicht es nie eine vollständige Unabhängigkeit, und im gleichen Maß, in dem das Über-Ich unter dem Einfluß der Außenwelt bleibt, unterliegt auch noch das reife Individuum dem Einfluß der sozialen Umwelt. Das kann später die Form einer Angst annehmen, die sich dann nicht auf das Über-Ich, sondern auf die Gesellschaft richtet: »Verhalte ich mich richtig?« – »Was werden die anderen sagen, wenn ich mich so und so verhalte?« Man nennt dies »soziale Angst«.

Jemand fragte, woher das Ich all die Kraft nimmt, die zur Umwandlung der Triebe verwendet wird. Die Antwort lautet, daß es nur eine einzige Kraftquelle gibt – nämlich das Es – und daß sogar die Kraft, die das Ich gegen die Es-Triebe einsetzt, sich (über einen komplizierten Prozeß) aus den Trieben selbst herleitet.

Ich wurde gefragt, welche Rolle die Projektion spielt. Findet sie erst statt, nachdem ein Über-Ich gebildet wurde? Das ist eine Frage, über die man sich noch nicht ganz einig ist – was nur bedeutet, daß noch nicht genügend klinische Beobachtungen vorliegen. Aber ich denke, daß all diese Abwehrmechanismen vom Ich in Tätigkeit gesetzt werden, und deshalb sind sie bereits wirksam, bevor es ein unabhängiges Über-Ich gibt; sie operieren nämlich unter dem Einfluß der Angst vor der Außenwelt. Das ist die »Realangst«, wie wir es nennen, eigentlich eine Angst vor den Liebesobjekten; oder sie operieren unter dem Einfluß innerer Angst. Ein Ich muß bereits gebildet sein, aber das Über-Ich ist zu einem so frühen Zeitpunkt noch nicht erforderlich.

Jemand möchte wissen, ob all die Abwehrmechanismen zunächst die Verdrängungstätigkeit voraussetzen und ob das, was die Verdrängung nicht zu leisten vermochte, dann durch die anderen Abwehrmethoden bewältigt wird. Es ist nicht ganz so. Eine Reaktionsbildung z. B. wird immer erst dann erfolgen, wenn eine Verdrängung bereits stattgefunden hat. Sublimierung wird in der Regel auf einem gewissen Maß an Verdrängung beruhen. Aber Identifizierung und Projektion z. B. setzen die Methode der Verdrängung nicht voraus. Sie können den Trieb unmittelbar angreifen oder abwehren.

Und dann gibt es noch eine weitere Frage: Ein Zuhörer möchte wissen, was im Sublimierungsprozeß tatsächlich geschieht. Ändert sich das Objekt, oder ändert sich die Aktivität? Nun, analytisch ausgedrückt, würden wir sagen, daß sich, genaugenommen, das Triebziel verändert hat. Das ist manchmal mit einem Wechsel des Objekts und manchmal mit der Modifizierung der Aktivität verbunden und in der Regel mit beidem. Betrachten Sie z. B. die aggressiven Ziele, den Wunsch, andere Menschen zu verletzen: Wenn dieses aggressive Triebziel sublimiert wird, bleibt die Aktivität – einem anderen Menschen eine Verletzung zuzufügen – erhalten, aber die Person wechselt für gewöhnlich von einer äußerst wichtigen Person in der Familie zu einer weniger wichtigen Person in der Außenwelt; und dann wird die Aktivität umgewandelt – aus Verletzung wird Hilfeleistung. Das Ziel wurde modifiziert, aber die Aktivität bleibt beinahe die gleiche, so daß sie dem Individuum eine ähnliche Art der Lust einträgt. Wir sehen dies z. B. in den Schmier-aktivitäten von Krabbelkindern, die in Form von Modellier- und Mal-aktivitäten sublimiert werden.

Ich weiß, daß diese Antworten für sich allein nicht ausreichen, aber ich wollte Ihnen zeigen, in welche Richtung die Überlegungen der Zu-hörer nach dem letzten Vortrag gingen. Die Richtung ist ausgezeichnet, da sie den Wunsch nach weiteren eingehenden und detaillierten Infor-mationen über diese äußerst wichtigen Prozesse widerspiegelt. Wenn wir dieses Wissen anwenden wollen, benötigen wir weit mehr als ein allgemeines Bild.

Und das führt uns nun zur Frage der Anwendung. Ich hoffe, daß das Publikum heute nicht deshalb soviel größer ist, weil Sie von mir exakte Auskünfte darüber erwarten, wie Eltern ihre Kinder, auf der Grund-lage unserer Erkenntnisse über die Kinderentwicklung, behandeln soll-ten. Ich hoffe, Sie erwarten von mir keine Vorschriften: Wenn ein Kind ungezogen ist, tun Sie das und das; wenn ein Kind depressiv wird oder neurotische Symptome zeigt, jenes; lieben Sie Ihre Kinder, oder: lieben Sie sie nicht zu sehr. Nun, mit dergleichen kann ich nicht dienen. Statt dessen will ich heute eine historische Entwicklung darstellen, damit Sie sehen, in welcher Weise das psychoanalytische Wissen über die Kinder-entwicklung in den vergangenen 30 oder 40 Jahren den Umgang mit Kindern beeinflussen konnte, wo diese Wege in die Irre geführt haben, weshalb sie in die Irre führten, wo sie sich als richtig erwiesen; und wie Sie dabei helfen können, die Methoden der Anwendung psychoanalyti-scher Kenntnisse für die Zukunft zu verbessern. Für eine Dreiviertel-stunde ist das ein ziemliches Programm.

Betrachten wir die Sache einmal unter historischem Blickwinkel. Die Psychoanalyse hatte, als Wissenschaft, nie das Ziel, eine Psychologie der Kindheit zu sein. Das ergab sich zufällig. Während man der Vergan-genheit erwachsener neurotischer Patienten auf den Grund ging, ent-deckte man, daß der Ursprung sämtlicher psychischer Erkrankungen in den frühen Jahren der Kindheit liegt und daß ausnahmslos alle Er-kenntnisse, die man gewann, wenn man eine Neurose oder andere Art psychischer Störung bis zu ihren Anfängen zurückverfolgte, die ersten Jahre der Persönlichkeit betrafen.

Dieses Wissen sammelte sich langsam an und ließ nach und nach eine Psychologie der Kindheit entstehen. In den Lehrbüchern suchen Sie dieses Wissen unter jenem Titel selbst heute noch vergebens, aber Sie finden die psychoanalytische Theorie der Persönlichkeit oder Einführungen in die psychoanalytische Theorie. Das bedeutet, daß wir zwar beabsichtigen, Verhalten und Motivation des Erwachsenen zu beschreiben, sich dies aber unweigerlich in eine Psychologie der Kindheit verwandelt, und zwar schlicht aufgrund der Tatsache, daß die frühe Entwicklung des erwachsenen Individuums für seine spätere Persönlichkeit entscheidend ist. Und ebenso hatten die Psychoanalytiker anfangs überhaupt nicht die Absicht, pädagogische Beiträge zu liefern. Es dauerte sehr lange, bis man begann, die Psychoanalyse systematisch auf die Kindererziehung anzuwenden. Das sog. »psychoanalytische« Erziehungssystem (oder wie immer man es nennen will, denn ein System ist es sicherlich noch nicht) ist ein Nebenprodukt der Psychoanalyse, ein Nebenprodukt, das auf höchst unsystematische – und man könnte sagen unwissenschaftliche – Weise zustande kam.

Die ersten Personen, die mit den Fakten bekannt wurden, die ich Ihnen anfangs dargestellt habe, waren die ersten Analytiker und ihre Patienten. Dann kamen allmählich die Studenten, die in dieselbe Disziplin und therapeutische Methode eingeführt worden waren; und all diese Menschen hatten selber Kinder. Als sie sahen und begriffen, daß die Art und Weise, wie man Kinder in den ersten Lebensjahren behandelt, erhebliche Schäden für das ganze spätere Leben zur Folge haben kann, fürchteten sie, ihren eigenen Kindern womöglich, ohne Absicht, dieselben Schäden zuzufügen. Wann immer sie irgendeinen neuen Faktor, der für die Persönlichkeitsentwicklung eine Rolle spielt, kennenlernten und sahen, wie er durch das Verhalten der Eltern beeinflußt wurde, setzten sie diese Erkenntnisse gegenüber ihren eigenen Kindern folglich rasch in die Tat um. Das bedeutet, daß die ersten psychoanalytischen Erzieher die Analytiker und ihre Patienten waren, und es dauerte zwanzig Jahre oder länger, bis die Lehrerwelt sich für dieselben Dinge zu interessieren begann. Wenn Sie über das Material nachdenken, das wir in diesen letzten Veranstaltungen erörtert haben, sind Sie vielleicht vor allem von jenen Punkten beeindruckt, die für den Umgang mit Kindern besonders wichtig sind. Ich frage mich, ob Sie, als Eltern, von selbst auf diese Punkte gekommen wären.

Ich werde versuchen, Ihnen einen historischen Eindruck davon zu vermitteln, wie dieses Wissen langsam in die Kinderstuben vordrang. Bevor es die Psychoanalyse gab, wußte man noch nicht, daß Kinder ein Sexualleben haben, und das emotionale Leben, das sich zwischen Eltern und Kind abspielt, galt als völlig harmlose Angelegenheit – ich meine die Zärtlichkeiten, die Art und Weise, wie Kinder gegenüber ihren Eltern und Eltern gegenüber ihren Kindern ihre Zuneigung bekunden. Als man nun entdeckte, daß es so etwas wie ein frühkindliches Sexualleben gibt, das von seiten der Eltern stimuliert werden kann und das das Kind an den Eltern auszuleben versucht, gewannen die kindlichen Bekundungen der Liebe und Zuneigung plötzlich einen ganz anderen Charakter.

Viele Menschen bekamen Angst, womöglich ihre eigenen Kinder zu verführen, indem sie sie küßten und streichelten und auf ihre Annäherungsversuche, die ihnen nun als sexuelle Annäherungsversuche bewußt wurden, eingingen. Angst machte ihnen vor allem die Tatsache, daß die Phantasie, von einem der beiden Elternteile verführt zu werden, in der Analyse erwachsener Patienten immer eine Rolle spielte. Da Kinder diese Phantasien haben – ich erinnere Sie an die Phantasien in der ödipalen Phase, die ich beim letzten Mal recht ausführlich beschrieb –, wäre es für die Eltern natürlich leicht, auf sie einzugehen, in dem Kind Hoffnungen zu wecken (d. h. das Kind zu verführen) – Hoffnungen, die nicht erfüllt werden können; und dies würde bedeuten, das Kind um so mehr zu enttäuschen. Es war auch einfach, sich so zu verhalten, wie die Eltern es tatsächlich zu tun pflegten – nämlich diese Annäherungsversuche des Kindes zu bagatellisieren, sie amüsant, niedlich zu finden, über sie zu lachen, wodurch sie die Gefühle des Kindes ungemein verletzten. Der erste Eindruck, den die Eltern durch die Psychoanalyse gewannen, war also der, daß hier etwas Gefährliches im Kind angelegt war – das infantile Sexualleben –, das einen sorgsameren Umgang erforderte, als sie es bislang für notwendig erachtet hatten.

Nun zu einem weiteren Punkt. In der Analyse vieler Erwachsener konnte man zeigen, daß die sexuellen Phantasien des Kindes durch seine nächtlichen Beobachtungen der Eltern ungemein angeregt wurden, war es doch in jenen Zeiten üblich, daß kleine Kinder gemeinsam mit den Eltern in einem Zimmer schliefen. Die Eltern waren der Ansicht: »Die Kinder bekommen ja nichts mit, sie sehen nichts, und wenn sie etwas bemerken, begreifen sie es nicht.« Die psychoanalytische Untersuchung zeigte, daß Kinder durchaus etwas begreifen und daß die Beobachtung des elterlichen Sexuallebens schädlich für sie sein kann, weil sie Reaktionen in ihnen auslöst, denen sie in diesem Alter noch nicht gewachsen sind. Ein wichtiges Ergebnis der Anwendung psychoanalytischen Wissens auf den Umgang mit Kindern war somit die Regel, daß Kinder nicht das Schlafzimmer ihrer Eltern teilen und beim elterlichen Geschlechtsverkehr nicht zugegen sein sollten. All dies entwickelte sich nur ganz allmählich.

Die Stufen der Sexualentwicklung, auf die man als nächstes aufmerksam wurde, veränderten den Umgang mit Kindern gewaltig. Sie wissen, daß Daumenlutschen, Schmutzigkeit, Masturbation, kindliche Neugierde, kindlicher Exhibitionismus – das Sich-Zeigen vor den Eltern – auch schon früher bekannt waren, aber man hatte all diese Dinge als »Ungezogenheit«, als »schlechte Angewohnheiten« der Kinder betrachtet. Immer hatten die Eltern sich gefragt, wo diese schlechten Angewohnheiten herkamen. Kaum, so ihr Klagelied, ist die eine Unart verschwunden, taucht die nächste auf – eine sehr schöne Charakterisierung der ordnungsgemäßen Sequenz infantiler Sexualentwicklung. Dann wurde ihnen bewußt, daß es sich nicht um schlechte Angewohnheiten handelt, die sich abstellen lassen, indem man das Kind genauer im Auge behält und ihm vielleicht auch den Umgang mit anderen Kindern, die ähnliche Unarten haben, verwehrt. Sie erkannten, daß sie es mit einer grundlegenden, unvermeidlichen Eigenschaft der kindlichen Natur zu tun hatten und daß sie die Abfolge respektieren mußten. Das schuf eine enorme Unsicherheit, weil die Eltern es bis dahin für absolut richtig hielten, gegen all diese Neigungen des Kindes anzugehen.

Ganz unmittelbar kam dieser Konflikt in bezug auf die phallische Masturbation der Kinder zum Ausdruck, in früheren Jahren einer der Hauptpunkte im Kampf zwischen Erwachsenen und Kindern. Der Drang des Kindes, zu masturbieren und dadurch ein körperliches Ventil für die in seinen Phantasien aufgestaute Libido zu finden, war jahrhundertelang von den Erwachsenen bekämpft worden. Nun schien es plötzlich – und das war ein Resultat der psychoanalytischen Lehre –, als sei die Masturbation womöglich viel normaler und gesünder für das Kind als die Libidostauung ohne Abfuhrmöglichkeit, von der die analytischen Praktiker aufgrund ihrer Erkenntnisse sagten, daß sie für all die zahlreichen Symptombildungen verantwortlich sei. Somit löste auch dies wieder Zweifel und Unsicherheit bei den Eltern aus. Womöglich war die phallische Masturbation des Kindes ein gesunder, ein normaler Prozeß? Andererseits – würde das Kind sich nicht zu sehr in sich selbst zurückziehen, wenn sie ihr nichts entgegensetzten, wenn sie autoerotische Gewohnheiten erlaubten? Und würde ein solches Maß an Selbstbefriedigung die Einflußmöglichkeiten der Eltern nicht in gewisser Weise verringern?

Offensichtlich haben wir es hier mit zwei gegenläufigen Tendenzen zu tun, die sich beide durch analytisches Material nachweisen ließen. Einerseits sehen wir die Schwierigkeiten, die entstehen, wenn ein Individuum sich von der Umwelt zurückzieht und seine Bedürfnisse selbst befriedigt – in diesem Fall also seine sexuellen Bedürfnisse am eigenen Körper befriedigt. Andererseits entstehen Probleme, wenn ein Individuum sich allzu bereitwillig selbst befriedigt und infolgedessen nicht gezwungen ist, sich mit den Kräften in der Umwelt, mit den Objekten in der Umwelt, von denen es Befriedigung einfordern sollte, zu arrangieren.

Genau hier fangen die höchst verzwickten Probleme an. Damals (ich spreche von der Zeit vor vielleicht 30 Jahren) wurden in den Eltern große Hoffnungen geweckt. Man erkannte, daß die sexuelle Neugierde einen notwendigen und normalen Teil der Entwicklung des Kindes darstellt, und sobald den Eltern dies klargeworden war, waren sie durchaus bereit, die Neugier des Kindes zu befriedigen (ich spreche noch immer von den analytischen Eltern oder ihren Patienten). Immer hatten die Verheimlichung des sexuellen Wissens, die diesbezügliche Unehrlichkeit der Eltern, der unbefriedigte Wissenswunsch des Kindes Ressentiments zwischen Eltern und Kindern zur Folge gehabt. So häufig hatten die Kinder sich gerächt, indem sie die Eltern anlogen, da diese sie in bezug auf die Sexualität belogen! Das also war die Epoche, in der die wichtige Frage der sexuellen Aufklärung eine Rolle zu spielen begann.

Sie werden Literatur in Hülle und Fülle finden, die sich damit auseinandersetzt, wie man Kinder aufklären soll, wieviel man ihnen über das »Geheimnis des Lebens« erzählen, ob man ihre Fragen abwarten und oder ihnen auf halbem Weg entgegenkommen soll, ob man die Geburt eines neuen Babys abwarten soll, bevor man den Geburtsvorgang erklärt, wann man den Unterschied zwischen den Geschlechtern erklären soll usw. Unzählige Versuche wurden in jener Zeit unternommen, den Eltern im Hinblick auf all diese Fragen Ratschläge zu erteilen, und man erhoffte sich von diesen Maßnahmen sehr viel. Man hatte so häufig gesehen, daß die Verdrängung der sexuellen Neugierde in der Kindheit zu einer allgemeinen Verdrängung und Hemmung der Neugierde führte, so daß die Kinder, denen man das sexuelle Wissen vorenthielt, zu abgestumpften und uninteressierten Kindern wurden, als ob sie ausdrücken wollten: »Gut, wenn du nicht willst, daß ich das weiß, dann brauche ich überhaupt nichts zu wissen.« Man konnte nachweisen, daß die Hemmungen vieler Schulkinder aus ebendiesem Konflikt mit der infantilen sexuellen Neugierde hervorgegangen waren.

Nachdem diese Versuche der Sexualaufklärung zehn oder 15 Jahre lang praktiziert worden waren, vielleicht sogar noch ein wenig länger, traten die ersten Enttäuschungen zutage. Es war vollkommen richtig, daß sowohl das Mißverständnis zwischen Eltern und Kindern als auch die intellektuellen Hemmungen durch die Sexualaufklärung weitgehend vermieden wurden. Bis dahin hatte man sich immer gewundert, weshalb Kinder unter fünf Jahren so gewitzt und Schulkinder im Vergleich dazu so abgestumpft waren. Der entscheidende Punkt war, natürlich, die Verdrängung ihrer sexuellen Wißbegier. Aber in diesem Zusammenhang erwartete die Eltern eine schreckliche Enttäuschung – die Kinder hatten die Aufklärung, die man ihnen zuteil werden ließ, nämlich gar nicht wirklich erwartet. Die meisten von ihnen hören durchaus respektvoll zu, wenn man ihnen erzählt, wo die Babys herkommen, worin die Unterschiede zwischen den Geschlechtern bestehen, wie Babys geboren und selbst, wie sie gezeugt werden – wie sie in die Mutter hineinkommen.

Aber nach kurzer Zeit – manchmal nach einigen Stunden, manchmal nach einigen Tagen – macht das Kind aus diesen hervorragenden Informationen über die Sexualität etwas ganz anderes, und wenn es sein Wissen danach in irgendeiner Weise bekundet, kommen sonderbare Entstellungen an den Tag. Zum Beispiel bleibt es dabei, daß Babys durch den Mund empfangen und wie Exkremente geboren werden; oder durch den Bauch der Mutter, der aufgeschnitten wird; oder daß eigentlich alle Kinder als Jungen zur Welt kommen, einigen von ihnen aber etwas abgeschnitten wird, und diese armen Jungen werden dann zu Mädchen; ähnlich entstellte Vorstellungen haben sie von den sexuellen Vorgängen. Vor allem haben sie die Vorstellung, daß das, was Vater und Mutter nachts miteinander machen, ein gewalttätiger Kampf ist, in dem entweder der Vater die Mutter verletzt oder umgekehrt. Und es zeigte sich, daß diesen in der Phantasie des Kindes erfolgten Entstellungen durch keine Sexualaufklärung beizukommen war.

Als man diese Erfahrung überprüfte und analysierte, gelangte man zu weiteren interessanten Erkenntnissen – nämlich daß diese Entstellungen des Kindes nicht willkürlich sind und nichts damit zu tun haben, daß das Intelligenzniveau des Kindes womöglich noch nicht ausreicht, um sexuelle Informationen aufzunehmen. Statt dessen stellte man fest, daß diese Entstellungen Phantasien sind, die für das Kind große Bedeutung haben und eng mit den Ebenen der Sexualentwicklung zusammenhängen. Folglich wird das Kind, für das die orale Entwicklungsstufe die wichtigste ist, die Phantasie haben, daß Babys entweder durch den Mund empfangen oder geboren werden. Auf der gewalttätigen analen Stufe wird das Kind vollkommen davon überzeugt sein, daß die Gewalttätigkeit, die Kämpfe, die Verletzungen das Baby produzieren und das Aufschneiden des Bauches dem Geburtsvorgang entspricht. Das bedeutet, daß diese Geburtsphantasien, diese sexuellen Phantasien der Kinder, die Ebene des sexuellen Interesses auf ihrer jeweiligen Entwicklungsstufe widerspiegeln, und sie können nichts anderes tun, als das objektive Wissen, das die Eltern ihnen vermitteln, in die Sprache ihrer eigenen sexuellen Entwicklungsstufe zu übersetzen.

Also seien Sie nicht enttäuscht, wenn diese Aufklärung nicht zur Folge hat, daß die Kinder über ein solides intellektuelles Wissen verfügen. Eltern müssen ihren Kindern diese Aufklärung vermitteln, und für sie ist es interessant zu beobachten, was das Kind damit anfängt. Die Bereitschaft der Eltern, in dieser Hinsicht ehrlich und offen zu sein, wirkt sich auf die Beziehung zwischen Erwachsenem und Kind auf jeden Fall vorteilhaft aus. Vielleicht ist es für Sie interessant, sich noch einmal an all die Märchen zu erinnern, die die innerliche Situation des Kindes widerspiegeln – sie stellen Geburtsvorgänge immer so dar, daß z. B. die Königin, die sich ein Baby wünscht, irgend etwas ißt, um jenes Baby zu produzieren. Auch viele andere Details der kindlichen Sexualtheorien tauchen in den Märchen auf.

Ich hatte beim letzten Mal keine Zeit, näher auf die Abwehrmechanismen einzugehen, die das Kind in bezug auf seine analen Strebungen, seine Vorliebe für Schmutz und sein Interesse an Exkrementen einsetzt. Die Haltungen der Eltern, mit denen sich das Kind identifiziert, erzeugen im Kind bestimmte Eigenschaften, die von Nutzen – und in sozialer Hinsicht in gewissem Grad notwendig – sind, z. B. große Sauberkeit sowie Ekel vor schmutzigen Dingen. Aber die Haltungen der Eltern stellen auch eine sehr restriktive Beeinflussung der Persönlichkeit des Kindes dar; und wo sie übertrieben werden, erzeugen sie die, wie wir es nennen, »zwanghaften« Züge im Wesen des Kindes. Das Wissen um jene Veränderungen der kindlichen Persönlichkeit, die auf strenge Reinlichkeitserziehung zurückgehen und zu einer schockähnlichen Verdrängung der analen Strebungen führen, hat einen Wandel in der Einstellung zur Reinlichkeitserziehung bewirkt, von dem Sie sicher gehört haben.

Heute erziehen die Eltern ihre Kinder sehr viel später zur Sauberkeit, als es früher üblich war; auf diese Weise gewähren sie der kindlichen

Persönlichkeit einen größeren Entwicklungsspielraum, bevor die restriktiven Tendenzen als Resultat der Verbote einsetzen, die der Befriedigung der analen Triebe auferlegt werden. Sie haben wahrscheinlich gehört, daß man von den Enttäuschungen spricht, die der Säugling erlebt, wenn er nicht genau dann gefüttert wird, wenn er es möchte, wenn er während seines ersten Lebensjahres Hungerzustände erleiden muß, weil er nach einem strengen Ernährungsplan lebt, und Sie werden gehört haben, daß diese Zustände ziemlich gefährlich sind, weil sie später zu Appetitverlust und Ernährungsstörungen führen können. Nun, als dieses analytische Wissen durchsickerte, begann man die Säuglinge »nach Bedarf« zu füttern, in der Angst, daß das Füttern nach strengem Zeitplan alle möglichen nachteiligen Resultate mit sich bringen könnte. Ich werde dies nicht ausführlicher erläutern, da ich annehme, daß Sie die allgemeine Tendenz unweigerlich wahrgenommen haben. Vielleicht haben Sie ein wenig mehr als die Tendenz wahrgenommen – nämlich wie, Punkt für Punkt, das Wissen um negative Folgen, um neurotische Folgen für die erwachsene Persönlichkeit, zu einer Lockerung der Anforderungen, der Einschränkungen, der Verbote führte, die Eltern ihren Kindern zuvor auferlegt hatten.

Was ich beschrieben habe, war die erste Phase der sog. »analytischen Kindererziehung«, und diese Phase wies mehrere gravierende Schwächen auf. Sie sehen vermutlich, daß ihr eine sehr einseitige Orientierung und Motivation zugrunde lag – nämlich die Furcht, neurotische Erwachsene zu produzieren. Man hatte die Vorstellung, durch allzu viele Einschränkungen der infantilen Triebe neurotische Erwachsene zu produzieren. Als die Eltern sich dessen bewußt wurden, sagten sie: »Nun gut, dann werden wir unseren Kindern keinerlei Einschränkungen auferlegen.« Aber sie mißachteten die Tatsache, daß Neurosen nicht die einzige Form psychischer Störungen im Erwachsenenleben darstellen und daß es andere Störungen gibt, die ganz eindeutig nicht mit einer zu starken, sondern einer zu geringen Umformung der Triebe zusammenhängen.

Viele Kinder wachsen in einer Umgebung auf, in der sie aufgrund des Charakters ihrer Eltern oder weil sie keine Eltern haben nicht gezwungen sind, ihre prägenitalen Triebe in nennenswertem Maß umzuformen, und sie entwickeln sich sehr häufig zu dissozialen oder asozialen Menschen. Wir haben es hier mit zwei Extremen zu tun, und es hat wenig Sinn, sich in seinem Verhalten ausschließlich von einem dieser beiden Extreme leiten zu lassen. Deshalb halte ich es nicht für richtig, die Angst vor einer Neurose oder irgendeiner anderen psychischen Störung, z. B. kriminellen oder antisozialen Tendenzen, zur Richtschnur für die Anwendung psychoanalytischen Wissens zu erheben.

Eine sehr viel bessere Motivation bestünde darin, die Persönlichkeit als ganze zu betrachten und zu versuchen, eine Art »Gleichgewicht« zwischen den verschiedenen Persönlichkeitsanteilen zu schaffen, das dem Kind hilft, einen Zustand innerer Harmonie zu entwickeln. Der erste Schock, den die psychoanalytischen Einsichten auslösten, schuf ganz bestimmt keine innere Harmonie. Sicher werden viele von Ihnen sagen, daß es doch klar sei, weshalb diese erste Phase analytischer Erziehung nicht gutgehen konnte: weil die bruchstückhaften Erkenntnisse, die man auf die Kindererziehung anwandte, alle von einer Sorte waren. Sie alle betrafen die Rolle, welche die Triebseite im Leben des Kindes spielt. Wie aber verhielt es sich mit den Erkenntnissen, die etwas später zur Verfügung standen und die andere Seite betrafen – z. B. die Ichentwicklung? Es kann nicht die Aufgabe der Eltern sein, sich nur um die Triebe des Kindes zu kümmern und zu verhindern, daß im Laufe des Erziehungsprozesses allzuviel Triebaktivität verlorengeht. Sie haben auch für das Ich des Kindes Sorge zu tragen und darauf zu achten, daß das Ich im Laufe des Entwicklungsprozesses genügend Stärke erlangt, um selbst mit den Trieben fertig zu werden. Ich kann Ihnen an Beispielen zeigen, in welchen Punkten das Verständnis der Eltern große Lücken aufwies – sie begünstigten die Triebe ihrer Kinder, indem sie diese auf der oralen Stufe durch »Stillen nach Bedarf« befriedigten; indem sie das Kind nicht frühzeitig zur Sauberkeit erzogen (was bedeutete, daß sie es tolerierten, wenn das Kind auch mit zweieinhalb oder noch später weder sauber noch trocken war); indem sie die Masturbation erlaubten, um eine Libidostauung zu verhindern; indem sie das Kind gewähren ließen, wenn es aggressiv war, weil kein allzu strenges Über-Ich entwickeln sollte.

Dieselben Eltern vergaßen, daß das Kind, während es die verschiedenen Stufen seiner Triebentwicklung durchläuft, gegenüber der Realität auch den äußerst wichtigen Schritt vom Lustprinzip zur Beherrschung der Aktion durch das Ich vollziehen muß – den Schritt zum »Realitätsprinzip«, wie wir es nennen. Kinder, deren Erziehung sehr tolerant ist und in erster Linie auf ihre Triebaktivität Rücksicht nimmt, lernen, viel länger, als es ihnen zusteht, nach dem Lustprinzip – Lustsuche und Vermeidung von Unlust und Frustration – zu leben. Im Alter zwischen zwei und fünf Jahren sollte die Handlungskontrolle vom Es, das nur an die Wunscherfüllung denkt, auf das Ich übergehen, das sich von der Berücksichtigung der Realität leiten läßt. Wie Sie wissen, muß das Kind in dieser Zeit lernen, auf Befriedigung zu warten, seine eigene Triebaktivität zu beherrschen, das Denken zwischen den Wunsch und seine Erfüllung zu schieben, und dies kann es nicht auf der Grundlage uneingeschränkter Triebbefriedigung lernen.

Damit wären wir also bei der zweiten, wichtigen Hälfte der Informationen angelangt, die man den Eltern geben muß, wenn man ihnen erklärt, wie wichtig das Triebleben des Kindes für seine Zukunft ist. Über den ersten Schritt hinaus muß man den Eltern nun auch erklären, wie wichtig die Ich-Kontrolle der Triebe für die Zukunft des Kindes ist. Und wenn die Eltern keine Neurotiker oder rücksichtslosen Primitiven großziehen wollen, müssen sie beide Seiten berücksichtigen; das bedeutet, daß sie das Risiko eingehen müssen, das Kind der Stärkung des Ichs zuliebe bei unendlich vielen Gelegenheiten zu enttäuschen; denn Ichstärke entwickelt sich, wenn das Ich mit Versagungen fertig werden muß.

Viele Eltern zögern, sich so zu verhalten, weil sie fürchten, daß das Kind sie nicht mehr lieben wird, wenn sie ihm seine überaus wichtigen Wünsche versagen. Oder sie zögern, weil sie glauben, daß das Kind sich nicht länger mit ihnen identifizieren wird – schließlich wissen Eltern heutzutage, daß der Ich-Inhalt aus Identifizierungen besteht (auch wenn sie es etwas anders formulieren würden) und das Über-Ich auf der Grundlage der Identifizierung mit den Eltern errichtet wird. Aber die Eltern sollten wissen, daß eine unbegrenzte Wunscherfüllung nicht die beste Atmosphäre für das Zustandekommen von Identifizierungen ist und zahlreiche der wichtigsten Eltern-Identifizierungen in solchen Augenblicken erfolgen, in denen das Kind enttäuscht ist, seine Libido von den Eltern abzieht und auf diesen Versagungserlebnissen sein eigenes Ich und Über-Ich errichtet.

Wenn die Eltern es lernen, beide Seiten der menschlichen Persönlichkeit zu berücksichtigen, und wenn sie es lernen, die Entwicklung eines Gleichgewichts zwischen den verschiedenen Persönlichkeitsanteilen zu fördern, wird ihr Verhalten sich, so hoffen wir, ändern. Sie werden sich z. B. nicht länger damit begnügen, den Trieben des Kindes gegenüber generell tolerant zu sein, statt eine generell intolerante Haltung zu vertreten. Beide Haltungen sind dem Kind gleichermaßen abträglich.

Diese Vorlesungen werden Ihnen, wie ich hoffe, selbst in ihrer sehr gedrängten Form den Eindruck vermittelt haben, daß die verschiedenartigen Elemente der Triebe im späteren Leben jeweils völlig unterschiedliche Schicksale haben. Das bedeutet, daß man jeden Trieb beachten und seinem Wesen gemäß behandeln sollte. Denken Sie, um ein konkretes Beispiel zu nennen, an die oralen Wünsche des Kindes. Ist es wirklich notwendig, daß das Kind seine oralen Wünsche ganz und gar verdrängt? Nun, es ist nicht notwendig. Im späteren Leben gibt es so viele Möglichkeiten, diese Wünsche in sublimierter Form, in einer verschobenen Form, zu befriedigen. Diese oralen Triebe spielen nicht nur in der erwachsenen Sexualität eine völlig legitime Rolle: In verschobener Form können sie darüber hinaus durch die Lust am Essen, die Lust am Rauchen, die Lust am Trinken (in begrenztem Maß!) befriedigt werden. Das bedeutet, daß es völlig unnötig ist, diesen oralen Lusterlebnissen Widerstand zu leisten (wie die Eltern es früher taten, indem sie z. B. das Daumenlutschen des Kindes bekämpften), weil diese Triebe im späteren Leben keine ernsthafte Behinderung darstellen müssen, selbst wenn sie sehr nachgiebig behandelt werden.

Ganz anders verhält es sich mit den analen Trieben. Im Erwachsenenleben ist für die analen Triebe, wenn überhaupt, nur sehr wenig Platz. Deshalb verlangen sie dem Individuum ein bedeutsames Maß an Modifizierung ab und setzen folglich auch eine andere Einstellung der Eltern voraus, durch die das Ich zu ihrer Umbildung veranlaßt wird. Im Erwachsenenleben gibt es für die Lust am Schmutz, für das Interesse an Exkrementen, am Anus, keinen Platz. Das bedeutet, daß diese Triebe tatsächlich zu jenen Partialtrieben gehören, die, in ihrer umgewandelten Form, in hohem Maß zum Aufbau der Persönlichkeit beitragen.

Wäre es andererseits nicht ausgesprochen schade, das Kind in der phallischen Phase zur Verdrängung seiner Neugierde zu veranlassen, wie die Eltern es früher zu tun pflegten? Ein erwachsenes Individuum ohne Neugierde ist eine so traurige Figur! Wenn sie von den Sexualproblemen abgelenkt wird, entwickelt sich die Neugierde für die Dauer der gesamten Kindheit zu einem der wertvollsten Aktivposten des Kindes. Höchst bedauerliche Konsequenzen für sein Leben hat auch die ausgedehnte Verdrängung des Exhibitionismus. Diese Kinder nämlich können später in der Schule keine guten Leistungen erbringen, werden schüchtern, sobald sie in der Öffentlichkeit auftreten müssen, können es nicht genießen, sich in irgendeiner Weise vor anderen hervorzutun, verlieren häufig jedes Gefallen an ihrer eigenen körperlichen Erscheinung. Deshalb sollten die Eltern mit diesem Trieb sehr sorgfältig umgehen, denn wenn er nicht verdrängt, sondern verschoben wird, trägt er zum Glück der Persönlichkeit ganz wesentlich bei.

Wie ist es, auf der anderen Seite, um die Aggression bestellt? Der Umgang der Eltern mit der Aggression des Kindes wird weitgehend von der Gemeinschaft abhängen, in die es hineinwachsen soll. Wenn Sie wollen, daß ein Kind sich zu einem rücksichtsvollen, freundlichen, anpassungsfähigen, ausgeglichenen Mitglied der Gemeinschaft entwickelt, müssen Sie einer allzu freien Aggressionsäußerung in der Kindheit Grenzen setzen; aber wenn Sie wollen, daß das Kind mutig ist, Energie besitzt und aus sich herausgeht, dürfen Sie nicht von ihm verlangen, daß es den aggressiven Trieb bereits im frühen Leben zur Passivität verdammt. Wenn Sie mit den jeweils unterschiedlichen Triebaktivitäten konfrontiert sind, sollten Sie sie also nicht als allgemeine Triebaktivität betrachten, sondern jede Komponente und ihr Schicksal im späteren Leben individuell berücksichtigen. Auf diese Weise wird es Ihnen gelingen, durch die Art Ihres Umgangs mit dieser Triebaktivität zwischen der Haltung, die das Kind ihr gegenüber einnimmt, und dem späteren Vorhandensein oder Nichtvorhandensein dieser Eigenschaft, Aktivität oder Einstellung im erwachsenen Leben eine Beziehung herzustellen.

Der Rat, den wir Eltern geben können, lautet deshalb, die Triebe nicht in quantitativer Weise zu behandeln, keine generelle Einstellung zu vertreten (»Ich bin meinen Kindern gegenüber sehr tolerant«), sondern auf qualitative Weise, d. h. die verschiedenen Entwicklungstendenzen zu beobachten, die das Kind erkennen läßt, und zu versuchen, sie in das Bild eines Erwachsenen einzupassen; das ist eine völlig andere Haltung. Warum sollte man Kinder lehren, nackt herumzulaufen, wenn sie später schicklich bekleidet sein müssen? Damit würden Sie im Kind womöglich die Erwartung wecken, später einem ungehinderten Exhibitionismus frönen zu können, eine Erwartung, die nicht zu erfüllen ist. Warum aber sollte man ihm andererseits die Lust an dieser Neigung generell nehmen?

Ich glaube, Sie erkennen nun, daß vage Kenntnisse nicht genügen, wenn Sie diesen Situationen auf intelligente Weise begegnen wollen; dazu sind Sie auf eine detaillierte Kenntnis dieser Dinge angewiesen. Eine meiner Befürchtungen in bezug auf unseren Kurs betraf genau dieses Problem – daß ich nicht in der Lage sein würde, Sie mit dem Wissen auszustatten, das Sie als künftige Eltern benötigen werden. Ich konnte Ihnen nur eine erste Orientierung bieten, die es Ihnen erleichtert, sich dieses Wissen selbst anzueignen. Ich würde es folgendermaßen zusammenfassen:

Was Sie aus dieser allgemeinen, gestrafften, verkürzten, gedrängten, verstümmelten Darstellung der analytischen Kinderpsychologie gelernt haben sollten, müßte Ihnen zumindest den Eindruck vermittelt haben, daß Konflikte für den Menschen und für das Kind unvermeidbar sind – sie sind Ausdruck der Persönlichkeitsstruktur. Setzen Sie sich nicht zum Ziel, ein Kind ohne Konflikte zu haben, versuchen Sie nicht, dem Kind Konflikte zu ersparen. Ebenso unvermeidbar sind Versagungen. Die Entwicklung vom Lustprinzip zum Realitätsprinzip, durch die sich der Mensch von den Tieren unterscheidet, wird durch eine Wunscherfüllung nach Bedarf nicht gefördert. Eine Untersuchung der Abwehrmechanismen sollte Ihnen zeigen, daß nicht die Abwesenheit oder das Vorhandensein von Konflikten entscheidend ist, sondern die Art und Weise, wie der Konflikt zwischen den Ich-Anteilen der Persönlichkeit und den Es-Anteilen – den Trieben – gelöst wird; die Wahl der Lösungen wird über Normalität oder Abnormität des künftigen Erwachsenen entscheiden.

Und damit sind wir am Ende unseres Kurses angelangt.

Namen- und Sachregister